Littér

(dossier réalisé par Jean Foucault)

COMPTES RENDUS

Ouvrages généraux

➤

Littératures orales

Afrique noire francophone

Afrique noire anglophone

Afrique du nord

Amériques

Dossier littéraire

Littératures enfance-jeunesse en Afrique noire

Dossier réalisé par Jean Foucault

Premier état des lieux de la recherche dans un domaine foisonnant

Ce dossier constitue un premier tour d'horizon de la recherche sur les littératures d'enfance et de jeunesse éditées en Afrique subsaharienne. Cette littérature a pris son essor depuis les Indépendances et commence à être étudiée par les chercheurs en Afrique et en Europe.

Nous n'abordons pas toutes les questions qui peuvent se poser et notamment celle des auteurs africains de la diaspora, publiés en dehors du territoire africain. Ils prennent aussi leur place dans les éditions pour la jeunesse de certains pays européens tout en publiant parfois en Afrique.

Nous retrouvons ici des problématiques générales posées par Romuald Fonkoua et Pierre Halen définissant la "modernité" des littératures africaines par le fait

> Qu'elles sont dues à *l'autorité* d'un individu singulier qui les marque de son nom propre, qu'elles sont écrites plutôt qu'orales, qu'elle sont aussi imprimées et donc susceptibles d'être largement diffusées.

et forment donc des productions qui sont aussi

> des biens dont la valeur est créée par leur mode d'insertion dans les réseaux de production et de légitimation.

Il en est ainsi également pour les littératures d'enfance et de jeunesse, même si le mouvement est moins avancé. Il faudra peu à peu prendre la mesure de ces évolutions, analyser les instances de légitimité en ce domaine. Il s'agit dès maintenant de prendre conscience que les contes ne sont pas le tout de la production pour enfants, que les contes publiés le sont par des *auteurs*, et que la littérature d'enfance et de jeunesse propose d'autres genres littéraires (théâtre, poèmes, romans).

La plupart des contributions rassemblées ici émanent de chercheurs africains travaillant dans les universités de leurs pays (8 sur 12), les 4 contributions restantes provenant de chercheurs d'universités européennes (France, Allemagne et Portugal).

La littérature d'enfance et de jeunesse d'Afrique subsaharienne a été présentée à Bologne en 1999, grâce notamment au travail mené en France par le secteur interculturel de *La Joie par les livres* (qui publie la revue *Takam Tikou*[1]) et à la création de l'association Illusafrica[2], présidée par

[1] La revue Takam Tikou sera bientôt consultable en ligne sur le site de "La Joie par les livres" : www.lajoieparleslivres.com/masc/portal.asp?INSTANCE=JOIE&PORTAL_ID=JPL_REVUES_TakamTikou.xml&SYNC
Seul le numéro 10 est actuellement téléchargeable en format pdf.

[2] Dominique Mwankumi assure le contact avec l'association : contact@dominiquemwankumi.com

Dominique Mwakumi (illustrateur originaire de RDC, publié notamment en France, aux éditions du Seuil).

Avant cela, des écrivains s'étaient aussi organisés en Afrique, et l'on a vu apparaître des associations nationales dans quelques pays[3]. Depuis, d'autres initiatives ont été prises. Ainsi les éditeurs africains – dont notamment ceux qui publient des livres pour l'enfance et la jeunesse – se sont regroupés au sein de l'association *Afrilivres* pour une mise en commun de leur communication (présence dans les rencontres internationales notamment), des questions de diffusion-distribution, etc. Ils ont publié en 2004 un catalogue accessible en ligne[4] et en édition "papier"[5]. Dans cette version l'espace "Jeunesse" représente une centaine de pages (deux cents pour les publications "adultes", tous secteurs confondus : essais, documentaires...)

La commande en Europe des livres publiés par les éditeurs africains jeunesse est toujours problématique, notamment pour les littératures francophones et lusophones. Une plate-forme du livre africain se met en place chez l'éditeur Maisonneuve et Larose et nous pourrons en mesurer l'efficacité dans l'avenir. A Londres, le livre africain anglophone pour l'enfance et la jeunesse est plus facilement accessible grâce à l'Africa Book Centre[6].

Pour consulter des livres du domaine francophone africain, les chercheurs trouveront un fonds très significatif au centre de ressource de "La Joie par les livres", déjà signalé.

La revue *Africultures* a publié en décembre 2003 (n° 57) un dossier intitulé "Où va le livre en Afrique ?"[7] ; plusieurs articles concernent la littérature pour la jeunesse et saluent son apparition et sa relative autonomie : "enfin des créations originales !"

[3] AILE Congo, AILE Bénin, AILE Cameroun, suite à des initiatives prises en ce sens par Marie Wabbes, auteur-illustratrice belge et Francine De Boeck qui interviennent pour animer des ateliers d'écriture dans ces pays avec l'aide des structures publiques et ONG de la Communauté Française de Belgique. Les actions menées par les services extérieurs du MA.E.-France n'ont par contre pas impulsé de manière volontaire de telles associations.

[4] http://www.afrilivres.com/index.asp#

[5] *Catalogue Afrilivres, livres disponibles des éditeurs africains,* édité par l'association "Afrilivres", Cotonou (Bénin) 2004. Publication réalisée en partenariat avec : l'Agence intergouvernementale de la francophonie, le ministère des Affaires étrangères (MAE, France), l'Alliance des éditeurs indépendants. Le domaine "Jeunesse" occupe les pages 222 à 318.

[6] "Africa Book Centre", The Africa Centre, 38 King Street, London, WC2E 8JT, tél. 020 7240 6649. Site internet : http://www.africabookcentre.com/

[7] Informations, sommaire du numéro... sur le site d'*Africultures* : http://www.africultures.com/index.asp?menu=revue_sommaire&no_dossier=57

La recherche dans ce domaine se situe au croisement des littératures comparées et de diverses sciences humaines, en particulier l'anthropologie qui s'intéresse depuis longtemps aux contes, proverbes, épopées et autres éléments de littérature orale.

L'Agence universitaire de la francophonie a soutenu la création d'un réseau de chercheurs en "Littératures d'enfance" (LDE/AUF) en 2003. Le terme "enfance" est repris des définitions proposées par l'Unesco et désigne les jeunes de 0 à 18 ans. Le terme "enfance" recouvre donc ici ce qu'on appelle le plus souvent "petite enfance", "enfance" et "jeunesse" (*"youth and children's literature"* pour le monde anglophone, *"infantil e juvenil"* dans l'aire hispanophone, etc.). Pour faciliter la compréhension, nous utiliserons ici l'expression "enfance et jeunesse" lorsqu'il s'agit de la totalité du champ de cette littérature.

Le réseau LDE/AUF permet le soutien aux chercheurs isolés et aide à la constitution d'équipes pluridisciplinaires dans un pays. En ce sens le travail mené à Ouagadougou, au Burkina Faso, est prometteur de ce que pourra donner le développement de telles démarches dans les années à venir : une équipe s'engage sur un programme de recherches à partir de points de vue issus de plusieurs disciplines[8].

Le souci du réseau LDE est également de permettre la réflexion commune avec des chercheurs de disciplines qui ne sont pas nécessairement orientées vers ces problématiques. La collaboration avec l'*Association Pour l'Etude des Littératures Africaines* (APELA) est en ce sens exemplaire. Avec l'APELA, nous avons le souci commun de permettre l'émergence d'équipes de recherche qui communiquent leurs travaux en français, sans se limiter à la francophonie linguistique. Nous accueillons ainsi des analyses concernant – dans notre domaine – des littératures orales ou écrites, produites en toutes langues dans tous les pays.

Ce premier dossier apparaîtra pourtant très "francophone", car le réseau ne s'est constitué qu'en 2003 et la mise en place de liens avec la communauté scientifique de l'ensemble des pays prend nécessairement quelque temps ! Pour l'Afrique, nous établissons actuellement des relations avec des collègues de pays anglophones (dont l'Afrique du Sud, le Kenya), lusophones (Angola, Mozambique, Cap-Vert), ou de langue arabe en Afrique subsaharienne. Certains collègues travaillent aussi actuellement sur les productions en langues nationales des pays d'Afrique subsaharienne. Nous avons intégré dans ce dossier, d'une part un article concernant l'aire lusophone, transmis par notre collègue Claudia Sousa Pereira (université d'Evora, Portugal), d'autre part trois articles qui analysent des formes issues des langues nationales africaines, en l'occurrence le dioula et le peul (Burkina Faso) et le kinyarwanda (Rwanda).

[8] Voir la troisième partie de ce dossier, et notamment la contribution d'Alain Sissao qui présente le programme actuel de cette équipe.

La géopolitique africaine et mondiale a fait aussi que des collègues qui souhaitaient participer à ce dossier n'ont pu assurer leur communication dans les délais impartis (cas du Togo).

Quelques rendez-vous récents ou à venir vont permettre d'élargir la réflexion. Le réseau LDE/AUF est en effet directement impliqué dans certaines rencontres ou sert de relais à des initiatives prises par d'autres groupes de chercheurs.

– Journées scientifiques des 21 et 22 novembre 2005 à Lomé, au Togo.

Ces journées avaient pour thème "Nationalités, mondialisation, littératures d'enfance et de jeunesse". Elles furent l'occasion de nombreuses contributions traitant du contexte Africain, mais pas exclusivement, car il s'agit d'un champ de préoccupation plus vaste, qui touche à toute l'histoire des littératures d'enfance et de jeunesse. Les frères Grimm par exemple ont réalisé la collecte de leurs contes au cœur d'une réflexion de nature sociale et politique sur la langue allemande. Dans les pays d'Europe centrale, la littérature de jeunesse accompagne le mouvement d'éveil des nationalités au XIXe siècle (*Jean le Preux,* héros populaire de Sandor Petöfi, en Hongrie, dont les versions pour la jeunesse sont multiples…). La littérature d'enfance et de jeunesse africaine va se développer après les Indépendances. Les journées de Lomé permettent de découvrir des approches qui sortent de l'analyse basée sur la tension entre "pédagogie" et "loisir" ou "lecture-plaisir". Nous devons sortir d'une vision étroite de la "morale" dans l'analyse du conte africain.

– Les *Cahiers Robinson* publiés par le Centre de Recherche Littérature Imaginaire et Didactique de l'université d'Artois (France), animé par Francis Marcoin, prévoient de pouvoir publier, à chaque numéro, de courtes contributions concernant "l'édition de la littérature de jeunesse en Afrique"[9]. Le site internet du réseau LDE/AUF présente ce projet (http://www.lde.auf.org).

– Des journées inter-réseaux de chercheurs de l'AUF en Langues et Littérature se tiendront du 23 au 25 mars 2006 à Dakar, alors que le Sénégal (et la francophonie !) célèbrera le centième anniversaire de la naissance de Léopold Sédar Senghor.

Les journées de Dakar sont consacrées à "L'appropriation de la langue française dans les littératures francophones". Le réseau LDE/AUF s'interrogera plus particulièrement sur la prise en compte de l'oralité et des langues nationales dans la littérature d'enfance et de jeunesse de langue française, ainsi que sur la place de cette littérature dans l'enseignement.

– Journée d'étude sur les littératures d'enfance et de jeunesse à Kigali (Rwanda) pour les chercheurs de la région des Grands Lacs africains (organisé par l'université nationale de Butaré et plusieurs autres partenaires), en juin 2006.

[9] Contact auprès de Francis Marcoin, directeur du Centre : francis.marcoin@wanadoo.fr

– Colloque "L'enfant dans l'épopée" à l'initiative du réseau euro-africain de recherche sur les épopées, "Epopées européennes et épopées africaines" (REARE)[10]. Ce colloque aura lieu en septembre 2006 en France, à Arras et à Lille. Il s'interrogera notamment sur la transcription actuelle des épopées pour la jeunesse, ou sur la littérature récente concernant les enfants-soldats (littérature et témoignages).

On voit qu'il n'est pas question d'enfermer "l'enfance" ou "l'Afrique" dans des territoires de recherche aux frontières définitives : tout ici est mouvant. Cette perspective et les études ultérieures qu'elle permettra doivent aussi renouveler les approches menées sur d'autres champs concernant par exemple les rapports à l'oralité, la question des "nationalités" et de la "mondialisation", les rapports de l'enfance à la violence. Lorsque les collègues de Ouagadougou engagent un travail sur les usages radiophoniques et télévisuels des contes, nous sommes dans une approche de *l'oraliture* contemporaine. Or non seulement le domaine de l'enfance est encore trop souvent perçu comme étant celui du conte, mais l'oralité d'aujourd'hui est, elle aussi, encore perçue comme liée exclusivement aux contes (sans oublier ce lieu commun "Afrique = conte"). Il y a bien d'autres formes d'oralité que nous devons analyser. Ce domaine est donc un très bon exemple de l'intérêt des recherches croisées qui doivent être menées, à la jonction notamment de l'anthropologie, de la littérature comparée, des sciences de l'éducation…

Nous pourrons aussi mener des recherches sur la sociologie de la création (origine des créateurs, public-cible, image du destinataire tel qu'il peut apparaître au travers des formes d'écriture…), étudier l'influence des pratiques d'écriture (ateliers d'écritures organisés par différents réseaux publics ou privés), des sessions de formation, des concours et des prix accordés dans ces domaines. Quel impact cela peut-il avoir sur la création ? Ne négligeons pas les pratiques issues des milieux de l'enseignement et du développement culturel. Dans les pays francophones ou anglophones, les rencontres théâtrales ont joué un très grand rôle pour la constitution du champ de la création artistique. Les concours d'écriture ont permis à de jeunes africains de se révéler, tel que Florent Couao-Zotti[11] pour ne citer qu'un exemple.

[10] Contacts concernant ce colloque : Jean-Pierre Martin, Université d'Artois – CRELID, jplj.martin@wanadoo.fr ou Marie-Agnès Thirard, Université de Lille 3 – ALITHILA, j.thirard@libertysurf.fr

[11] Florent Couao-Zotti (Bénin) a publié d'abord aux éditions Hao, à Lomé, en 1999, *Un enfant dans la guerre,* un récit qui avait obtenu le 1er prix du Concours de l'Agence de la Francophonie de littérature africaine pour enfants. Puis ce récit a été repris ensuite par les éditions Dapper sous le titre *Charly en guerre* (Paris, 2001). Aujourd'hui Florent Couao-Zotti est reconnu "dans la cour des grands".

De multiples logiques sont donc à l'œuvre et la littérature d'enfance et de jeunesse n'est pas seulement "écho" ou "reflet" de ce qui l'entoure. Elle porte en elle des perspectives nouvelles, ouvertes. S'il y a véritable création, alors cette littérature porte les interrogations d'aujourd'hui.

Dans notre champ, les équipes de recherche s'engagent souvent auprès des partenaires de la "société civile" et coopèrent avec des enseignants, animateurs, bibliothécaires... (formations, interventions multiples), ou soutiennent la qualité du travail d'éditeurs qui osent s'engager sur ces nouvelles voies (articles critiques, circulation d'information...).

Nous espérons que l'édition enfance-jeunesse pourra poursuivre son chemin vers la maturité et trouver place dans les cursus de lecture au-delà des pays où naissent les livres. Il y a là beaucoup de chemin à parcourir encore, notamment pour les domaines francophones ou lusophones.

Plusieurs organismes nationaux et internationaux soutiennent ces perspectives. Parmi leurs initiatives, citons celles qui s'adressent directement à l'édition en Afrique subsaharienne.

– *L'Agence intergouvernementale de la francophonie,* dont la "Direction des Langues et de l'Ecrit" a aidé à la réalisation de livres pour enfants durant 5 ans (près de cent titres soutenus), à partir d'un choix établi sur manuscrit, les dossiers étant présentés par les éditeurs et soumis à une commission spécialisée. Certains aspects de ce corpus ont été analysés dans le cadre d'une thèse soutenue à Paris IV en 2004 par Jean-Rémy d'Almeida[12].

– L'Unesco, dont le "Prix du livre littéraire pour l'enfance et la jeunesse au service de la tolérance"[13] a été attribué en 1999 à la maison d'édition ghanéenne "Sub Saharian Publishers", pour l'album de l'auteur-illustrateur ghanéen Meshack Asharé, *Sosu's Call.*

– Le prix "Nouvel horizon" est attribué chaque année à un éditeur par la "Foire du livre de Jeunesse de Bologne" (Italie), le grand rassemblement mondial pour l'édition du livre d'enfance et de jeunesse. Ce prix a été remis aux éditions Bakamé de Kigali (Rwanda) en avril 2005 pour *Ubucuti bw'imbeba n'inzovu.* C'est un album de John Kilaka, artiste tanzanien qui conte les aventures d'un éléphant et d'une souris. Il a été traduit en kinyarwanda par la maison d'édition de Kigali.

Le domaine des ateliers d'écriture réalisés en Afrique subsaharienne concerne souvent l'enfance et la jeunesse. Les structures belges ou françaises (dans ces derniers cas sous la responsabilité d'établissements ou de chargés de mission "livre" dépendant du ministère des Affaires étrangères)

[12] Amakoe Jean-Rémy d'Almeida, "Le référentiel dans la littérature pour enfants en Afrique noire francophone", thèse de doctorat Paris Sorbonne, soutenu en 2004, sous la direction de Jacques Chevrier.

[13] Renseignements : http://www.unesco.org/culture/toleranceliterature/

interviennent depuis plusieurs années. Des livres pour enfants ont été produits dans ce cadre, coédités parfois par un éditeur africain et les éditions Hachette (collection "Caméléon vert") ou encore par l'Harmattan (collection comprenant des albums bilingues).

Aujourd'hui de grands pays anglophones s'interrogent aussi sur la création d'ateliers d'écriture créative de cette nature (Nigeria, Tanzanie par exemple).

La place nous manque pour présenter chacune des contributions de ce numéro qui ont été regroupées sans souci théorique en trois rubriques : situations de production et de réception dans divers pays africains, rencontre d'écrivains et d'œuvres, présentation du travail d'une équipe de recherche particulière qui travaille au Burkina Faso. Les auteurs de ces articles ne sont pas tous des universitaires chevronnés, ce sont souvent, on le verra, des praticiens qui prennent les problèmes par le bout le plus concret, le plus terre-à-terre. C'est ce que nous leur avons demandé dans l'esprit d'un numéro qui se propose d'approcher du plus près possible la réalité "africaine" de la littérature d'enfance et de jeunesse"

Nous souhaitons à tous une bonne découverte de ce dossier. N'hésitez pas à prendre contact, soit pour toute information complémentaire, soit pour proposer votre participation au mouvement de recherche mis en place aujourd'hui.

■ Jean FOUCAULT
Coordonnateur réseau "Littératures d'enfance" de l'AUF,
chercheur associé au Centre de recherches littéraires
Imaginaire et Didactique (CRELID) de l'université d'Artois
et au Centre de recherche Texte/Histoire de l'université de Cergy
Contact : info@lde.auf.org

Aperçus sur quelques situations contemporaines de pays africains, francophones et lusophones

La littérature de jeunesse d'aujourd'hui au Sénégal

Etat des lieux

Pendant longtemps, la littérature de jeunesse au Sénégal était quasi inexistante. Les premiers textes destinés aux enfants ont été écrits par deux femmes qu'on considère comme les véritables précurseurs du genre. Il s'agit d'Annette Mbaye d'Erneville (*Chansons pour Laïty,* Néa, 1976) et de Fatou Ndiaye Sow (*Takam takam, Devine mon enfant, devine,* Néa, 1981). Avant ces publications, des textes à l'intention des enfants ont été publiés comme supports pédagogiques en milieu scolaire (*La Belle histoire de Leuk le lièvre* date de 1953[1]).

Dans ce domaine, deux hommes se sont particulièrement illustrés. Il s'agit de Souleymane Djigo Diop, petit-fils de l'écrivain et conteur sénégalais Birago Diop, auteur de plusieurs livres de contes pour enfants, et de Chimère Mendy, auteur de la célèbre série de livres de lectures pour le cours élémentaire *Ami et Rémy,* toujours au programme. La littérature de jeunesse au Sénégal a souffert du fait que les auteurs reconnus, d'une manière générale, ne s'intéressent pas aux lecteurs en herbe. A cette faiblesse de l'édition s'ajoute un manque de reconnaissance et de visibilité de la production existante : rien n'est fait ou presque par l'Etat pour promouvoir et développer cette édition.

Développer la littérature de jeunesse : entre passion et sacerdoce

Or l'importance de la lecture pour l'enfant, qui donnera le goût et l'habitude de la lecture à l'âge adulte, n'est plus à démontrer. Cet enjeu explique à lui seul la volonté de différents acteurs de s'impliquer dans le développement de la littérature de jeunesse. Mais bien souvent, les livres pour enfants sont importés et vendus alors à des prix inaccessibles pour les populations. Une aide à la promotion du livre écrit et édité au Sénégal permettrait de le rendre plus accessible par le prix, mais aussi par le contenu, en l'adaptant à un jeune lectorat. Car pour intéresser l'enfant à la lecture, il faut des images crédibles, respectant les réalités du milieu.

Mme Nicole Gakou, directrice générale des éditions Kalaama, créées en

[1] Voir article de Véronique Corinus dans ce même dossier.

2001 à Dakar, indique que 60 % des livres qu'elle édite concernent un public très jeune, parce qu'à son avis si l'on veut relever le niveau de l'éducation au Sénégal, il faut commencer par les tout petits et, innovation d'importance, choisir de le faire en utilisant les langues nationales.

Une autre maison d'édition, la seule à être entièrement spécialisée en littérature pour enfants, est "Falia édition enfance", créée en 1995 par Fatou Ndiaye Sow, décédée cette année et dont la disparition est une grande perte pour l'édition de jeunesse au Sénégal. Institutrice de formation, elle s'est impliquée fortement dans la production d'une littérature pour enfants, devenant un des auteurs les plus prolixes dans ce domaine, avec près de quatorze ouvrages publiés. Mme Sow a justement perçu le manque qui existait dans ce domaine, comme le souligne Coumba Touré, elle-même auteur *(Les jumeaux de Jakunda)*, qui poursuit l'œuvre de Fatou Ndiaye Sow en dirigeant à sa suite "Falia édition enfance".

"L'édition de jeunesse en Afrique est un phénomène nouveau à l'intérieur d'une littérature elle-même à peine sortie de l'enfance", affirme l'écrivain sénégalais Boubacar Boris Diop. Tenir une maison d'édition n'est pas chose aisée, car, en règle générale, cette activité n'est pas rentable dans un pays où l'édition fonctionne essentiellement grâce à la publication des manuels scolaires.

En tant qu'éducatrice, Coumba Touré pense également que travailler avec les enfants demeure l'un des meilleurs moyens de changer les mentalités. Il s'agit d'inculquer une identité africaine et d'obtenir une bonne image de soi. Les thèmes abordés dans ses ouvrages tournent autour de la conscience d'une justice sociale, du respect de la femme, de l'enfant, du malade, du handicapé, etc., valeurs positives tirées des cultures africaines. Pour ce faire, l'auteur veille avec un soin particulier au choix des mots et évite d'utiliser des termes qui rabaissent les Africains, ce qui se produit parfois de manière inconsciente.

Le recours aux langues nationales : une nécessité plus qu'une solution pour une meilleure diffusion des livres de jeunesse

Aux éditions Kaalama comme aux éditions Falia, l'accent est mis sur la production des livres de jeunesse en langues nationales. En écrivant dans la langue maternelle de l'enfant, le facteur bloquant qu'est la nécessité de maîtriser la langue française disparaît, l'enfant peut mieux assimiler ses références, sa culture, les rudiments de la vie de tous les jours et ainsi avoir des bases solides pour entrer dans sa vie d'adulte. Trois langues nationales ont été favorisées pour l'édition jeunesse : le wolof, le sérère et le pulaar. Sur les onze langues nationales reconnues au Sénégal, ces trois-là correspondent au lectorat le plus important (il faut que les livres puissent se vendre). Certaines publications sont bilingues (français/langue nationale). Selon Coumba Touré, si l'on veut consolider l'identité des enfants, il faut qu'ils apprennent à communiquer, à lire et à écrire dans leur langue maternelle. Ce qui n'est pas le cas dans les systèmes d'éducation formelle, au Sénégal, les langues nationales étant mises à l'écart et souffrant d'un manque de considération.

Difficultés rencontrées par les éditeurs

Pour faire face au coût de la production du livre, la directrice de "Falia enfance éducation" cherche à s'associer avec d'autres maisons. L'une des possibilités étudiées à Falia serait de diversifier la production, de concevoir d'autres activités génératrices de revenus autour du livre (espaces de jeux notamment). Cependant, le niveau des coûts de production demeure élevé car les intrants comme le papier coûtent excessivement cher au Sénégal, ce qui pèse sur le prix du livre. Aussi les éditions Kalaama font-elles désormais imprimer en Tunisie où le prix de revient est moindre.

L'autre problème majeur, selon Mme Gakou, c'est le manque de formation aux métiers du livre, tant pour les imprimeurs que pour les éditeurs. C'est pour y remédier que le projet "Lecture Publique" de l'ambassade de France propose aux éditeurs, auteurs et illustrateurs sénégalais des séminaires de formation et des ateliers d'écriture.

Compte tenu de ces éléments et même s'il existe un réel engouement du public pour la littérature de jeunesse, le réflexe est rarement d'aller acheter un livre : ce n'est pas un produit de première nécessité ! Il coûte en moyenne entre 2 500 et 3 000 francs CFA (soit entre 3 et 5 € environ), en raison de la qualité que doit avoir un livre de jeunesse (quadrichromie, papier coupé, brillant ou mat pelliculé). Les éditeurs comptent sur le réseau officiel (bibliothèques en région par exemple) pour écouler un maximum d'ouvrages. Les achats en librairie représentent seulement 100 à 300 exemplaires par an. Il existe parfois des succès de librairie, comme cela a été le cas pour *Jumeaux de Jakunda* dont les 3 000 exemplaires tirés ont été entièrement écoulés et qui aujourd'hui est en rupture dans les librairies. "Falia Edition Enfance" souhaite pouvoir le rééditer mais ne dispose pas des fonds nécessaires. Ce titre a été publié en version bilingue, français et wolof, traduit dans cette langue par Mame Daour Wade, lui-même auteur de plusieurs livres pour enfants et dont *Le taureau magique* a été également un succès de librairie. On peut en dire autant de *Takam Takam (Devine mon enfant, devine)* de Fatou Ndiaye Sow, ou encore plus récemment de *Le fabuleux tour du monde de Raby*, de Nafissatou Niang Diouf[2].

Absence de réseaux de distribution

Il n'existe pratiquement pas de réseau de distribution au Sénégal pour le livre en général. L'édition de jeunesse comme les autres secteurs du livre

[2] Editions Néas, 2004.

en souffre et le monde rural reste à l'écart car presque tout se passe à Dakar, où sont les librairies. Lorsqu'il s'agit de l'édition de jeunesse en langues nationales, les difficultés sont encore plus grandes, car même les librairies sont alors frileuses pour les prendre en dépôt. Distribuer les livres devient ainsi encore plus difficile : il faut faire connaître les publications en organisant des tournées dans les écoles pour présenter les livres aux enfants, organiser des séances de dédicaces, de lectures de contes, de théâtre pour enfants, créer des clubs de lecture, etc. L'accent est mis également sur la recherche de marchés extérieurs, car le marché sénégalais est largement insuffisant et oblige les éditeurs sénégalais à nouer des partenariats de coédition avec des maisons d'édition étrangères. Ce qui permet d'élargir leur aire de distribution et également de participer aux foires du livre hors du Sénégal.

Activités organisées autour de la littérature de jeunesse

Au Sénégal, les éditeurs déplorent le manque d'activités organisées autour du livre de jeunesse. En 2005, une *Foire internationale du livre et du matériel didactique,* le "Fildak", est organisée en décembre. Une association *Bibliothèque Lecture Développement* (BLD) a été créée en 1994, elle s'investit pour promouvoir et appuyer la littérature de jeunesse au Sénégal. Elle a créé des centaines de bibliothèques dans les écoles, a subventionné des lots de centaines de livres et distribué des ouvrages sur tout le territoire. Un volet édition pour enfants a été ajouté à ses activités. Cette association compte mettre en place un bibliobus qui se déplacera partout au Sénégal. Chaque année, BLD organise une *Foire du livre de jeunesse,* espace d'échanges et de réflexion, dont la fréquentation s'accroît. Cette foire s'est tenue en 2005, les 16 et 17 avril, dans la banlieue de Dakar. Cette cinquième édition coïncidait avec les dix ans de l'association BLD. Le thème retenu en était "lecture et thérapie : lire pour aller mieux, *des mots pour des maux*".

■ Karo DIAGNE
Journaliste
Collaborateur du centre universitaire INSTEP de Dakar

Quelques auteurs et leurs publications

Mamita Papy et cocori, Fatou Ndiaye Sow, Falia éditions enfance
La chèvre de Sokoto, Fama Diagne Sène, Falia éditions enfance
Les jumelles de Baama, précédé par *Les jumeaux de Jakunda,* Coumba Touré, Falia
La circoncision de Modou, Alassane Diagne, Kalaama
Daxai l'aigle et Nielle le moineau, Adja Ndèye Boury Ndiaye, Néa
Pic Pic l'oiseau et Lëpp-Lëpp le papillon, Néa
Le taureau magique, Mame Daour Wade, Bibliothèque lecture et développement
Le Fabuleux tour du monde de Raby, Nafissatou Diouf, Néa, 2004
Le Noël du vieux chasseur, Annette Mbaye d'Erneville

L'enfant et le varan, Maty Thioune, éditions Per Ankh
La fille du pharaon noir, Fatou Diagne Sow, Falia
Le procès du rat, Mbissane Ngom Kossan, éditions des écoles nouvelles africaines (Eena)
Gayki, le petit enfant du Sine (contes des tropiques), Théodore Ndok Ndiaye
Jouons comme autrefois, Ibrahima Kébé Kossan, Eena
L'infirme danseuse, Marguerite Noëla Thiam

Premières découvertes en littérature de jeunesse angolaise et mozambicaine

Il y a environ deux ans, je comptais pouvoir faire mes premières systématisations sur les éditions de jeunesse africaines lusophones : connaître les auteurs et les œuvres, savoir si leurs livres étaient beaucoup vendus et lus, deviner ce qu'en pensaient les lecteurs, bref, quel était le circuit de ces livres pour les plus jeunes. Quelques mois après, j'ai pu constater que ces plans reflétaient l'ingénuité d'un chercheur sur un nouveau "terrain". Ce que j'écris aujourd'hui sera donc surtout une espèce de "récit de voyage" à travers ce monde qui, pour un chercheur en littérature de jeunesse portugais résidant à Évora, petite ville universitaire du Sud du Portugal, s'est révélé un monde énigmatique. Aussi difficile à pénétrer que l'est aujourd'hui pour un quelconque lecteur européen plus jeune le monde de la littérature africaine lusophone. Ma démarche s'insère dans un projet de recherche plus vaste, à réaliser dans le cadre du *Centre Interdisciplinaire d'Histoire, Cultures et Sociétés* de l'Université d'Évora (CIDEHUS-UE), dans le contexte des travaux du NESA (Núcleo de Estudos sobre África) de ce centre[1].

J'ai commencé par essayer de constituer un *corpus* en cherchant dans les bibliothèques et les librairies. Le résultat a été décourageant. Il n'y avait comme maisons d'édition africaines que Nzila et Chá de Caxinde. J'ai essayé d'établir des premiers contacts avec des institutions liées soit aux livres, soit à la langue portugaise et les réponses renvoyaient toujours aux uns et aux autres. Un peu découragée, j'ai cherché du côté d'une partie de ma famille qui vit encore au Mozambique. Aujourd'hui, j'attends toujours leur réponse. Un collègue m'a rapporté d'un séjour à Luanda les quatre exemplaires que je possède. Mais ce *corpus* était loin de me permettre de faire sérieusement une première systématisation ! Je pourrais peut-être parler de tendances angolaises, mais l'Afrique lusophone est bien plus vaste et il y a probablement d'autres maisons d'édition qui publient aujourd'hui au Mozambique, au Cap-Vert, en Guinée-Bissau, des livres pour enfants.

J'ai fait appel alors aux nouvelles technologies de recherche (je le dis avec ironie, bien sûr !) et j'ai cherché paresseusement sur Internet.

[1] Informations à consulter sur le site : www.cidehus.uevora.pt

Miracle ? Non, je n'ai pas trouvé non plus de livres ni d'auteurs dont je n'avais pas déjà entendu parler... Mais j'ai trouvé la transcription d'un programme de radio appelé Maka (déjà *off line* au moment où je rédige ces lignes), qui m'a fait me sentir moins seule dans ma désillusion. C'était un texte de 2001 de l'écrivain Cremilde de Lima, intitulé "Brève réflexion sur la littérature pour enfants angolaise". On pouvait y lire ceci :

> Pour rendre effective et réelle, palpable et concrète la connaissance de la littérature, il est absolument nécessaire que les livres soient édités et réédités, vendus à des prix accessibles, ce qui présume des librairies avec des stocks renouvelables, des bibliothèques et des mini bibliothèques où les enfants puissent avoir accès aux livres et à une lecture guidée. (...) : - *E Nas Florestas os Bichos Falaram,* Maria Eugénia Neto/1972 - *As Aventuras de Ngunga* - Pepetela/1972 - *A Caixa* - Manuel Rui Monteiro/1977 - *As Nossas Mãos Constroem a Liberdade et A Formação de Uma Estrela e Outras Histórias na Terra* - Maria Eugénia Neto/1979.
>
> La plupart des œuvres qui constituent notre catalogue n'a pas été rééditée et est méconnue du public lecteur. Plus récemment, on a réédité des livres de Lito Silva, de Celestina Fernandes et de Cremilde de Lima. Je présente les titres d'œuvres dont j'aimerais savoir si ces livres sont connus des participants de ce "Maka" : *A Filha do Soba, O tambarino dourado, Missanga e o Sapupo, Dinora e o Rouba Sorrisos, Uma Viagem pelo Mundo da Fantasia.* Les livres *A Canção Mágica* de John Bella et *O Barquinho de Fuxi* de Cremilda de Lima ont été édités cette année. (...) On voit donc que nous avons besoin de placer des livres dans les librairies... Sans parler des œuvres qui sont livrées aux éditeurs et d'autres œuvres souhaitant sortir des tiroirs...

J'ai décidé de regarder de plus près le matériel réuni et j'ai essayé de faire quelques systématisations. Après avoir réfléchi un peu, j'ai découvert que j'étais contre ces systématisations qui survolent les textes, en oubliant que chacun d'eux est un texte littéraire qui mérite une attention spéciale. On systématise pour mieux étudier, c'est vrai, mais il faut d'abord bien connaître les objets systématisés. Cette conclusion m'a donné, après tout, un peu de joie : ils méritaient, chacun de ces livres, une étude particulière. Dans presque tous les textes, j'ai trouvé des mots dont je méconnaissais le sens, mais cette ignorance, fruit du choc naturel entre cultures, peut se résoudre avec le glossaire que chaque éditeur a gentiment ajouté à la fin de chaque livre. Tous les textes me rappelaient des histoires de la littérature traditionnelle orale. Histoires étiologiques et sagesses anciennes transmises aux enfants curieux, par exemple. Mais il me semblait qu'il était trop tôt pour ces conclusions trop simplistes. Ce *corpus* littéraire destiné aux enfants africains devait encore grandir pour que je puisse en découvrir plus de secrets.

Néanmoins, de mon étagère, deux chats - un angolais, l'autre mozambicain - me lançaient des regards séducteurs. C'étaient deux œuvres publiées pour être vendues non seulement à des enfants africains, mais à des enfants qui comprennent le portugais. Un portugais différent c'est sûr, mais différent parce qu'il est parlé en Afrique ? Ou différent parce qu'il est littéraire ?

Le premier était le Chat Damala ("Delavalise"), l'autre Pintalgato. Le Chat Damala de *As Sete Vidas de Um Gato (Les Sept Vies d'un Chat)* de Dario de Melo a été lauréat d'un prix en 1998 et réédité en 2002 avec les illustrations de la mozambicaine Carla Pott dans la maison d'édition angolaise Nzila, en partenariat avec l'éditeur portugais Caminho. Pintalgato, de *O Gato e o Escuro (Le Chat et le Noir*[2]) écrit par Mia Couto en 2001, a été illustré par Danuta Wojciechowska, et est publié aussi par Caminho.

Le Chat Damala est un vieux chat qui, comme le nom l'indique, transporte des bagages qui prouvent sa condition de chat vif, plein d'expérience, qui a vu du pays, qui vit déjà sa septième vie et se présente au vendeur d'histoires comme candidat à un emploi de raconteur, quand celui-ci se voit confronté à une imperfection dans son stock. Et le narrateur/vendeur d'histoires passe la langue… au Chat Damala. Il va dérouler l'histoire de sa (ses) vie (s), un parcours qui le rendra de plus en plus astucieux. Les épisodes s'entrelacent les uns aux autres, chaque fin de chapitre aiguisant l'appétit du lecteur/auditeur pour le chapitre suivant. Le Chat Damala raconte comment, au début, il était le Chat Rouge (bien sûr, puisqu'il s'agissait bien de revendiquer le droit à un emploi !), ensuite le Chat Chasseur, le Mange-et-Dort, le Bottes-Rompues, le Chat du Roi et, finalement, le Chat Damala. Un chat qui a appris en vivant dans son corps, sentant dans sa peau les difficultés de la vie, les ruses du savoir-vivre. Un chat qui se retrouve avec plusieurs personnages éternels, connus des histoires anciennes, et qui ont une relation, quelle qu'elle soit, avec des chats.

Par contre, le chat Pintalgato est encore un petit chat quand débute son aventure à la rencontre du "grand Noir", ce côté interdit que même la mère semble, au début, craindre un peu. La peur enfantine du noir se perd dans ce voyage onirique dans lequel un chat jaune se voit transformé en chat noir à cause de sa peur. Ces accès de panique se passent dans un rêve (ou plutôt un cauchemar), quand Pintalgato trouve le Noir lui-même triste "s'effondrant" en larmes, et sa propre mère qui apparaît pour l'arracher à cette tristesse. Dans le rêve, Pintalgato et le Noir deviennent des rivaux de l'amour de la mère, puisque le Noir, Pintalgato l'a bien remarqué, vit aussi dans le fond de ses yeux !

Il est tentant de regarder ce chat de couleur jaune et ce Noir triste comme une confrontation de produits culturels différents : le Moi blanc, l'Autre noir. Pas du tout, à mon avis… La langue et l'imagination poé-

[2] Titre sous lequel il a été publié en France par les éditions Chandeigne, coll. Petite Lusitane, 2003, illustrations de Stanislas Bouvier (NDLR).

tique de Mia Couto ne s'arrêtent pas à ces questions de couleur ! Ce dont il s'agit ici, c'est de l'Amour... et de la Jalousie, ce côté noir qui lui est associé. Cette incursion de Mia Couto dans l'écriture pour enfants nous révèle son indiscutable créativité et son savoir sur la dimension du monde et sur des questions réellement universelles. La différence de la couleur de la peau est, dans la tête des enfants, un petit grain de poussière qui n'arrive même pas à être un problème quand il est affronté à la nécessité d'une confirmation de l'Amour maternel, à l'envie d'être le seul à être le "bien aimé". Cet Amour, même inconditionnel, quand on grandit dans une "couvée" (et on découvre que l'Autre aussi existe) que l'on cherche incessamment pour qu'on grandisse aussi dans la certitude de la réciprocité. C'est de cet Amour légitimement égoïste de l'enfant pour la mère, menacé par un Autre, qu'il soit imaginé ou rêvé, dont le texte de Mia Couto nous parle. A la limite, nous pourrions tomber dans la tentation de l'analyse œdipienne, mais le mot et l'image poétique nous amènent plus loin : à la fonction esthétique de la poésie, à l'expérience du mot créatif qui nous unit les uns aux autres, nous qui partageons ces mêmes sentiments évoqués par ce même mot.

C'est cette qualité des textes de Dario de Melo et de Mia Couto que j'espère continuer à trouver dans les livres africains pour enfants… Mais, il faut qu'ils arrivent aux mains des chercheurs, et que les chercheurs en soient dignes également !

■ Cláudia Sousa Pereira
Université d'Evora (Portugal)

Bibliographie

Couto, Mia, *O Gato e o Escuro,* Caminho, Lisbonne, 2001. Traduction : *Le Chat et le Noir,* Éditions Chandeigne, Paris, 2003.
Melo, Dario de, *As Sete Vidas de Um Gato,* Nzila, Luanda, 2002.

RWANDA : DÉCOUVRIR UNE "LITTÉRATURE ORALE DE FAMILLE"

En Afrique, la femme tient une place sociale importante dans toutes les activités éducatives, sociopolitiques, économiques, artistiques, etc., variable d'une région à l'autre. Pourtant, sur le plan "médiatique", l'activité de l'homme est toujours mise en avant. Ainsi au Rwanda, la littérature a surtout relaté la parole de l'homme, lui qui faisait la guerre ! tandis que, là comme ailleurs, le travail de la femme n'a pas été considéré à sa juste valeur, parfois ignoré et parfois même attribué faussement à l'homme.

Ce qui explique que la littérature féminine et enfantine n'ait jamais été considérée comme une véritable littérature et soit désignée par des qualificatifs qui la minorisent : "littérature mineure", "littérature secondaire", etc. Au Rwanda elle n'a pris presque aucune place dans les activités pédagogiques. A l'école primaire, on trouvait autrefois des devinettes et petits poèmes épiques enfantins, mais ils ont disparu progressivement en même temps que les anciens manuels de kinyarwanda, car les rares textes utilisés étaient insérés dans des manuels sans aucune proposition d'exploitation méthodologique, de sorte que certains enseignants préféraient les ignorer complètement.

On peut regretter que dans les manuels scolaires d'aujourd'hui, cette littérature ne soit plus une référence fondamentale et ne joue plus aucun rôle dans l'apprentissage du kinyarwanda et dans d'autres domaines culturels et interculturels. Cette littérature est pourtant riche, même si elle montre une femme, qui "marche sur le cœur", devait se taire quand l'homme parlait, ne s'asseyait pas au milieu des hommes, ne buvait pas dans la même cruche qu'eux ! Ces représentations n'ont sans doute pas facilité la reconnaissance de la production orale féminine dans une société à tradition orale masculine. L'on s'est contenté de retenir les productions des hommes (eux qui avaient la parole en public) laissant au second plan celles des femmes et des enfants, comme le dit un proverbe rwandais : *Iyo amazi abaye make aharirwa mfizi* ("Quand l'eau devient rare, seul le bœuf en boit").

La relation mère-enfant est pourtant mise en scène dans quelques textes littéraires rwandais qui ont été conservés, souvent anonymes. Ce sont des créations à caractère public, à savoir notamment des contes, des devinettes, des chansons. La création littéraire féminine, apparemment privée des lieux publics, s'est repliée dans la famille où elle avait, depuis la nuit des temps, une place de premier rang. La femme et l'enfant se retrouvent donc dans cette *littérature de famille* qui nous intéresse et dont nous ne considérerons ici que deux éléments.

Femme, initiatrice du genre par excellence !

Malgré sa mise à l'écart progressive de la scène littéraire officielle, on reconnaît pourtant au Rwanda que c'est une femme qui a initié un genre littéraire fondamental qui sera particulièrement apprécié à la Cour : *la poésie dynastique.* A cette époque, la personne qui jouissait de l'inspiration de la muse devenait automatiquement célèbre et recevait primes et protection royale. Ces poèmes exaltaient le règne et le monarque en place, progressant par ordre croissant, du premier roi du Rwanda (du clan Nyiginya) pour finir avec celui dont le règne était alors en cours, exprimant de manière amplifiée, dans la clôture du poème, vœux, demandes, voire jugements.

Cette femme, connue sous le nom de Nyirarumaga, deviendra la reine-mère adoptive du roi Ruganzu II Ndoli (XVIe siècle). Sous son inspiration lui-même deviendra poète. Le premier poème dynastique est intitulé *"Umunsi ameza imiryango yose » (Le jour où elle fut mère de toutes les familles).* Ce "elle" du titre ne désigne pas l'auteur(e), mais Nyamususa, fille de Jeni de Rurenge relatée par le poète Nyirarumaga. Nyamusua fut l'épouse de Gihanga. D'après la mythologie rwandaise, ce dernier fut le créateur du gros bétail "la vache" et du règne "nyiginya" (règne des monarques). Une autre femme, Nyirakunge, qui serait de la même famille que Nyirarumaga (famille de poètes dont sont issus de nombreux autres poètes célèbres) a été la seule femme continuatrice de l'œuvre de l'aînée au cours de l'histoire de la poésie dynastique au Rwanda[1]. Ce retrait définitif de la femme suscite de nombreuses interrogations, d'autant que Nyirakunge elle aussi a composé, sous camouflage masculin, car c'est à titre de guerrier qu'elle est allé à la Cour pour remplacer son père (qui n'avait pas de garçon).

De la mère à l'enfant par le chant "INDIRIMBO"

Au Rwanda comme ailleurs en Afrique, le chant est un moyen d'expression populaire. La femme rwandaise a su exploiter ce genre littéraire en faveur de l'enfant. Celui-ci constituait, dans la famille nucléaire traditionnelle, un interlocuteur permanent – réel ou supposé – de sa mère, en l'absence du père. La maman devait à tout prix maintenir cette communication avec l'enfant ou la rétablir si elle s'interrompait. Le chant est un instrument efficace et tout le monde y est sensible. On retiendra ici une occasion importante pour inciter la maman à chanter pour son enfant : *c'est lorsque ce dernier pleurait et ne voulait pas se taire malgré l'abondance d'autres flatteries.* Les témoignages affirment qu'aucun enfant ne peut résister à de tels chants qui deviennent, après les pleurs, source de sommeil. Plusieurs chants de ce type expriment des menaces verbales s'adressant à des personnes fictives censées provoquer ces larmes. Ils reçoivent

[1] cf. Bernardin Muzungu (2003 :12)

alors des injures qui prétendent les priver de vaches et de tout ce qui en provient, ainsi que de la disparition de leurs propres enfants : *"Ni nde undirije umwana, yo gacaracara yo gacana injishi,akenyegeza ibisabo, yo kabura abe bana,..."* (Qui agresse mon enfant, qu'il tombe en errance, qu'il brûle les gardes-baratte et attise (le feu) par elles-mêmes, qu'il perde ses propres enfants...). Ces chants d'accalmie ont un contenu varié et tiennent compte de la situation actuelle de la famille : si celle-ci par exemple se retrouve dans un état de détresse, d'abandon, cela apparaîtra à travers ces chants de manière récurrente. Le chant peut exprimer la mélancolie, le chagrin, la joie, l'allégresse, etc. L'enfant est emporté par la suavité et la sensibilité du chant, qui combine vibrations sonores et paroles de tendresse. Dans une situation tumultueuse, l'enfant peut être aussi pris de pitié pour sa mère à travers ce chant, il va cesser de pleurer pour ne pas aggraver la souffrance de sa mère. L'enfant, si petit soit-il, décode l'état moral de sa maman et interprète facilement ce langage et la mimique qui l'accompagne. Il existe par ailleurs aussi toute une variété de véritables *berceuses* traditionnelles que chantent les mamans pendant la nuit en présence du mari ou en son absence, comme signe de tendresse. L'enfant, plongé dans un état de jouissance, s'endort vite.

Les thèmes tournent bien entendu autour de l'amour maternel : la maman déclare à l'enfant qu'elle l'aime, que rien ne peut l'éloigner d'elle, qu'on lui donnera tout ce qu'il voudra, qu'il aura toujours du lait à boire, etc. Mais on trouve aussi d'autres thèmes beaucoup plus généraux qui relèvent de la vie sociétale : *"Icyo nangira abagore barahura bakaganya, icyo nkundira abana bato, barahura bagaseka byarimba bagakina"* (Ce que je hais chez les femmes, c'est qu'elles se rencontrent pour gémir, ce que j'apprécie chez les enfants, c'est qu'ils se rencontrent pour l'humour mais aussi pour s'amuser...). Aujourd'hui, en milieu rural, les mamans chantent toujours pour leurs enfants, selon les circonstances. Certaines d'entre elles ont également des chants propres qu'elles entonnent au moment où l'enfant tète pour ainsi l'encourager, le mettre à l'aise et le conforter. A cet effet, le petit baigne totalement dans l'amour maternel qui ne peut produire que des répercussions positives sur sa vie future. Cependant, avec le développement du christianisme (le catholicisme orthodoxe puis la montée du pentecôtisme après le génocide), certaines mamans ne se souviennent plus des chants traditionnels et les remplacent par des chants religieux ou d'autres chants de la vie courante.

L'enfant et sa mère à travers le proverbe rwandais

Au Rwanda, l'usage des proverbes est très courant. Ils ont une valeur sociologique, discursive et pédagogique d'une grande importance. Ils interviennent dans les communications quotidiennes et circulent entre toutes les catégories sociales. Ils relèvent d'une oralité utilisée comme outil populaire d'éducation, tout particulièrement dans la famille. Contrairement toutefois aux chants relevant clairement de la création féminine, les proverbes ressortissent du langage commun et l'on n'en connaît pas les auteurs. Les proverbes constituent un miroir de la société, ils sont instances d'accusation, de référence, d'appréciation, de rejet, de constat, d'argumentation, etc. Le proverbe rwandais a su exploiter ces différents angles selon la prédilection des intervenants.

Pour les catégories qui nous concernent, le proverbe rwandais montre bien la relation croisée de la mère à son enfant ou à l'enfant d'autrui telle que la perçoit la société. La sagesse qui s'en dégage est très significative, surtout dans cette période d'après-génocide où de nombreux enfants vivent des situations difficiles qui les rendent vulnérables, puisqu'ils vivent isolés ou placés dans des orphelinats.

Une première analyse permet de dégager quinze formes différentes d'interpellation dans les proverbes de cette nature ; nous présentons dans cette première approche :

a) le contexte initial ou sens premier de la relation mère-enfant ;
b) le proverbe original en kinyarwanda ;
c) une proposition de traduction française.

1. L'enfant dédaigne sa mère parce qu'il la trouve vieille ou laide :
   Umwana usanze nyina ashaje agira ngo se yatanze inka ze ku busa ;
   L'enfant qui trouve sa mère déjà vieille regrette les dots de son père.

2. L'enfant ne protège pas sa mère mais la trahit dans des situations difficiles :
   Umwana gito akubitisha nyina yumva ;
   Un enfant pauvre d'esprit fait battre sa mère en sa présence.

3. L'enfant ne se conforme pas aux conseils de sa mère et de son père. Il en subit tôt ou tard les conséquences :
   Umwana wanze kumvira se na nyina yumvira ijeri ;
   L'enfant qui n'obéit pas à sa mère et à son père obéit à la cigale.

4. L'enfant ne considère pas les difficultés de sa mère au même niveau que celle-ci le fait pour lui :
   Umwana bamwereka aho nyina aguye agaseka, nyina bamwereka aho umwana aguye akarira ;
   On montre à l'enfant où sa mère est tombée et il s'en moque, mais la mère pleure quand on lui montre où son enfant est tombé.

5. Un enfant dont la mère n'est pas dans une situation confortable est souvent victime d'une situation en principe favorable :
   Umwana w'umuja akubitirwa ku mazi nyina yavomye ;
   L'enfant d'une servante est victime d'une eau puisée par sa mère.

6. Un enfant qui a la chance d'avoir sa mère bénéficie de beaucoup de chose qui échappent à celui qui n'en a pas :
   Umwana ufite nyina ntaba umupfu ;
   L'enfant qui a sa mère ne manque pas de bon sens.

7. L'enfant qui se désintéresse de sa mère est une personne possédée, anormale :
   Umwana uriho umuzimu nyina amuha umwuko akanga ;
   L'enfant possédé (par les mauvais esprits) refuse la patte que lui sert sa mère.

8. Un enfant élevé par une autre femme que sa propre mère n'est jamais satisfait :
   Umwana w'undi umuheka neza ati "ndigenza";
   L'enfant dont tu n'es pas la mère préfère marcher à pied que se mettre sur ton dos.

9. Un enfant qui reste toujours à côté de sa mère jouit d'une vision limitée :
   Umwana utaragenda agira ngo nyina ni we uvuga umutsima munini ;
   L'enfant qui ne connaît que sa mère croit que c'est la seule qui cuit une grosse patte.

10. Une femme qui a perdu beaucoup d'enfants est toujours soucieuse de ceux qui restent :
    Umwana w'imfusha isazi iramukoma ngo arapfuye ;
    La mère qui a perdu beaucoup d'enfants croit que le rescapé meurt au contact d'une mouche.

11. Les mauvais comportements de la mère (des parents) se transmettent à ses enfants :
    Uwiba ahetse aba abwiriza uwo mu mugongo ;
    La mère de mauvais caractère le transmet à l'enfant qu'elle porte au dos.

12. Personne ne peut prétendre aimer un enfant plus que sa mère
    Urusha nyina w'umwana imbabazi aba ashaka kumurya ;
    Qui compatit à un enfant plus que sa mère voudrait l'avaler.

13. La mère accepte son enfant quel qu'il soit et dans n'importe quelle situation :
    Ubyaye ishyano araryonsa ;
    Qui accouche un monstre lui donne son sein.

14. La femme ne se réjouit jamais autant pour l'enfant d'autrui que pour son propre enfant :
Umwana w'undi abishya inkonda ;
Un enfant d'autrui produit une salive dégoûtante.

15. L'inégalité entre les enfants de deux sexes :
Umugore ubyaye umukobwa ntatanga abandi guseka ;
La femme qui accouche d'une fille ne se moque pas des autres.

Chaque proverbe exprime une façon de penser et de concevoir le rapport de la femme à l'enfant. L'impact du proverbe sur la construction sociale pousse actuellement certaines organisations des droits de la femme et de l'enfant à sensibiliser à l'affrontement entre "nouvelles" valeurs et "anti-valeurs" de certains proverbes. La littérature orale est donc un chantier permanent !

■ Faustin KABANZA
Professeur Assistant au KIST (Kigali Institute of Science, Technology and Management), School of Languages (SOLAS), Département de Français Langue Etrangère), Doctorant en Linguistique à l'Université de Rouen

Bibliographie

Mgr Bigirumwami, A. (1971), *Ibitekerezo, indirimbo, imbyino, ibihozo, inanga…*, Nyundo, Rwanda Mgr Bigirumwami, A. (2004), Proverbes, devinettes, dictons, Palloti Presse, deuxième édition, Kigali, Rwanda

Houdeau, S. (1979), *Panorama de la littérature rwandaise,* Butare, Rwanda

Muzungu, B. (2002), *Poésie traditionnelle Ibisigo* in *Lumière et Société,* décembre 2002, n° 21, Kigali, Rwanda

Muzungu, B. (2003), *Poètes de Kiruri au Nyaruguru,* in *Lumière et Société,* septembre, n° 24, Kigali, Rwanda

Analyses transversales et historiques

La belle histoire de Leuk le lièvre ou "le détournement d'un roman scolaire"

"Je rêve d'un manuel pour chaque école et même, songeant au *Télémaque*, d'un manuel pour chaque élève. J'attends – je ne rêve plus – le *Mamadou et Binéta* du Citoyen[1]", affirme en 1937 Léopold Sédar Senghor qui s'efforcera de donner jour à un tel manuel. C'est ainsi que paraît en 1953 *La belle histoire de Leuk le lièvre*[2], ouvrage de lecture courante destiné aux élèves des cours élémentaire et moyen de l'A.O.F. qu'il compose en collaboration avec Abdoulaye Sadji. Les deux auteurs sénégalais rejoignent ainsi la petite cohorte des écrivains qui ont déjà prêté leur talent à ce genre singulier de la littérature de jeunesse : le roman scolaire. Héritier des romans picaresques ou du *Candide* de Voltaire, il a eu une courte fortune entre la fin du Second Empire et la fin de la deuxième guerre mondiale, mais a su attirer quelques plumes célèbres, à côté de celles de pédagogues inconnus : Hervé Bazin, Maurice Genevoix, Charles Vildrac. *Le tour de France par deux enfants*[3], rédigé par Augustine Fouillée sous le pseudonyme de G. Bruno, reste cependant le modèle de référence et les deux auteurs sénégalais l'ont probablement en mémoire quand ils décident de rédiger à leur tour un roman scolaire. Ils voient dans ce genre qui commence pourtant à tomber en désuétude un nouvel outil militant, capable de battre en brèche l'idéologie coloniale qui prône la politique de la table rase. Adoptant la facture et les enjeux caractéristiques du roman scolaire dont Le tour de la France est la réalisation la plus célèbre, leur ouvrage s'en éloigne cependant, substituant au patriotisme ardent qu'il défend l'idéal du métissage culturel, seul capable d'élever les jeunes esprits.

[1] L. S. Senghor, "Le problème culturel en A.O.F", pp. 11-21 (Conférence faite à la Chambre de Commerce de Dakar pour le Foyer France-Sénégal le 10 septembre 1937), *Liberté I, Négritude et humanisme,* Paris, Editions du Seuil, 1964, 438 p. ; p. 16.

[2] L. S. Senghor et A. Sadji, *La belle histoire de Leuk-le-Lièvre,* Paris, Librairie Hachette, 1953 ; réédité par EDICEF en 2000. Toutes les citations ultérieures de ce manuel proviennent de cette dernière édition.

[3] G. Bruno (A. Fouillée), *Le Tour de la France par deux enfants,* Devoir et patrie. Livre de lecture courante, Paris, Belin, 1877, 322 p.

Du Tour de la France à Leuk-le-lièvre : permanence des enjeux pédagogiques du roman scolaire

Contrairement aux pédagogues qui estiment que seuls les textes des grands auteurs conviennent aux enfants, beaucoup d'éducateurs du début du siècle, convaincus par le développement de l'édition enfantine, les succès du Père Castor et les réflexions de la bibliothèque de l'Heure joyeuse, considèrent qu'on peut également proposer au jeune lectorat des œuvres spécialement conçues pour lui afin de procurer le plaisir qui soutient l'effort, le gratifie et donne le goût de lire. Après avoir songé à un

> livre de Cours moyen qui groupera les meilleures pages des écrivains coloniaux, noirs comme blancs, et des écrivains métropolitains, les unes éclairant et complétant les autres[4],

Senghor renonce à composer un recueil éclectique de morceaux choisis et opte avec Sadji pour un livre de lecture adoptant l'économie du roman scolaire. Ce dernier s'inspire des procédés qui ont assuré le succès du *Tour de la France* dont il poursuit la triple ambition : distraire, instruire, éduquer.

Afin de rendre la lecture plus ludique et plus attrayante, Senghor et Sadji choisissent pour héros un personnage jeune auquel les lecteurs africains puissent aussi facilement s'attacher que les élèves français aux deux jeunes Lorrains du *Tour de la France,* obligés de fuir leur région aux mains des Allemands. Leur choix se porte tout naturellement sur Leuk le lièvre, personnage traditionnel des contes de l'Ouest africain. Les enfants, familiers de ses ruses et de ses facéties racontées lors des veillées traditionnelles, peuvent aisément s'identifier à ce personnage considéré comme "le plus jeune animal".

Adoptant l'économie dynamique du *Tour de la France* qui, contrairement au statisme pesant du *Francinet,* voit ses deux héros cheminer de ville en ville, *La belle histoire* entraîne ses lecteurs dans des périples divers qui mènent son protagoniste de la brousse à la forêt, de la mer aux villages des hommes, en faisant des détours par des espaces mythiques. Les déplacements constants permettent de donner aux quatre-vingt-quatre épisodes qui constituent le récit un rythme trépidant et soutiennent l'intérêt du jeune lecteur qui suit les rebondissements de l'odyssée de Leuk. Ses aventures sont agencées de sorte à former un récit suivi palpitant dans lequel il est confronté à ses ennemis traditionnels, animaux féroces et hommes, plutôt qu'à la nature que G. Bruno érige en opposante principale de ses héros. Quoi qu'il en soit, les enfants éprouvent les mêmes émotions intenses qui les incitent à poursuivre la lecture.

Cette dernière est facilitée, chez Senghor et Sadji, par une typographie adaptée, aérée et bien lisible et soutenue par des illustrations abondantes

[4] L. S. Senghor, "Le problème culturel en A.O.F", op.cit., p. 16.

et colorées qui ancrent plus fortement l'intérêt des enfants. Cependant, ces dernières ne sont pas légendées comme c'est systématiquement le cas des gravures du *Tour de la France* dont la fonction didactique est plus marquée. *La belle histoire* poursuit néanmoins les mêmes objectifs pédagogiques que le roman de G. Bruno : apporter une somme de connaissances à l'enfant qui lui permette de se faire "une image complexe du monde où il vit et du monde où il est appelé à vivre[5]". La fonction principale de ce livre de lecture est bien entendu d'amener les élèves à déchiffrer correctement un texte, à susciter chez eux le goût de la lecture courante pour les guider vers les livres de bibliothèque. L'ouvrage est également conçu comme un vecteur de l'écrit par le biais du dispositif pédagogique qui suit chaque épisode et qui propose, outre les activités de prononciation et de récitation, des exercices de grammaire, d'orthographe et d'expression écrite. Ainsi, au terme d'une année d'étude les élèves auront-ils "une bonne pratique du français", qu'elle soit écrite ou orale.

L'ambition du manuel dépasse cependant les seules compétences langagières. Tout comme le roman de G. Bruno dont la narration permet de traiter des pans entiers du programme préconisé par l'Instruction publique, *La belle histoire* a une vocation encyclopédique et, bien que les digressions didactiques y soient moins systématiques, mêle au récit de rapides notions sur la faune africaine, le fonctionnement du corps humain, l'astronomie.

Cependant, ce ne sont pas les leçons de choses qui préoccupent le plus Senghor et Sadji, qui délaissent quelque peu cette dimension pourtant essentielle du roman scolaire. Les deux pédagogues africains portent davantage leur attention sur les cours de morale, poursuivant l'ambition d'apporter aux enfants, en sus de l'instruction, l'éducation.

Roman moralisateur et roman d'apprentissage : deux démarches pour une même édification

Soucieux de former le citoyen de demain comme y encouragent les Instructions officielles, ils souhaitent effectivement "donner à l'écolier noir des leçons de morale[6]" tout comme G. Bruno désirait n'"omettre dans cet ouvrage aucune des connaissances morales[7]". Et les deux manuels de professer les mêmes règles de solidarité, de labeur, d'étude qui seules permettent l'harmonie d'une nation. Cependant les deux auteurs sénégalais procèdent à leur entreprise d'édification de façon différente. Ils n'introduisent jamais leurs chapitres par quelques-unes de ces exergues moralisatrices dont G. Bruno a l'art : "L'âge de s'instruire n'est jamais passé",

[5] G. Hardy, "« La Librairie » des écoles indigènes en Afrique", *Afrika. Journal de l'Institut International des Langues et Civilisations Africaines,* tome 1, fasc. 2, avril 1928, p. 145.

[6] Préface de L. S. Senghor et A. Sadji, *op. cit.,* p. 5.

[7] Préface de G. Bruno, *op. cit.,* p.4.

"Si tu es honnête, laborieux et économe, aie confiance en l'avenir", "Honneur et probité, voilà la vraie noblesse". Ils préfèrent laisser au récit et à ses personnages le soin de faire comprendre à l'élève les leçons à tirer des *exempla*.

C'est dans leur économie même que les deux romans diffèrent. Le tour de France des deux jeunes Lorrains, bien qu'il s'apparente à celui des Compagnons du devoir, ne constitue pas, à proprement parler, un parcours initiatique dans la mesure où les deux jeunes héros y font montre de qualités physiques et morales qui sont déjà les leurs. Courageux, endurants, honnêtes, travailleurs, économes, studieux, disciplinés, patriotes, ils sont des héros exemplaires, des modèles de vertu qui ne se rendent coupables que de fautes vénielles. G. Bruno ne recourt pas aux processus d'individuation en œuvre dans bien des contes et semble même rejeter cet univers, lui qui affirme que "[l]a prétendue baguette des fées était moins puissante que ne l'est aujourd'hui la science des hommes[8]."

Le héros africain connaît en revanche une véritable initiation ; le lecteur suit les étapes de sa vie qui le conduisent de sa naissance parodique à sa mort symbolique. Son évolution dans le temps s'accompagne d'une transformation de son être. Bien qu'il ne se départisse jamais véritablement de sa stature de *trickster*, il change foncièrement, passant de l'égoïsme à l'altruisme. Cette évolution du personnage est mise en relief par les deux parties qui encadrent le récit central, d'une longueur sensiblement identique, qui se répondent en un jeu de miroir, multipliant les symétries et les oppositions. Elles déroulent un même schéma narratif qui met en scène une double initiation, d'abord ratée puis réussie au terme de laquelle Leuk finit par comprendre que l'intelligence n'est un bien que si elle débouche, non sur la ruse néfaste, mais sur la sagesse qui grandit l'homme.

Le "vaste drame" de Leuk-le-lièvre est ainsi le récit d'une longue initiation qui conduit le héros de la sauvagerie d'un animal inculte et méchant à la dignité d'un homme sage et instruit. Tel est aussi le cheminement que devront suivre les petits lecteurs de ses aventures que le manuel invite à imiter.

Du patriotisme flamboyant au métissage culturel

Bien qu'il professe les mêmes prescriptions morales, le roman africain détourne l'idéologie véhiculée dans *Le tour de la France* tout entière contenue dans son sous-titre : "devoir et patrie". Le manuel français se propose de faire naître dans le cœur des enfants un attachement profond à la France en la leur montrant "grande par l'honneur, par le travail, par le respect religieux du devoir et de la justice[9]." Cependant une telle exaltation de la France va de pair avec la dévalorisation des autres cultures, et singu-

[8] G. Bruno, *op. cit.*, p. 48.
[9] Préface de G. Bruno, *op. cit.*, p. 4.

lièrement des cultures non occidentales. Affirmant que des quatre races d'hommes, la race blanche est "la plus parfaite des races humaines[10]", décrivant les autres comme des sauvages incultes et sanguinaires[11] qui doivent apprendre "à respecter la France et [...] surtout à la chérir[12]", G. Bruno se fait l'écho des discours colonialistes en vigueur. Les Colonies, et particulièrement l'Afrique par le biais de ses animaux étranges ou féroces, sont symboliquement présentées lors d'une visite au Jardin des Plantes, durant laquelle l'on rappelle qu'elles représentent un vivier pour la France : "Nous empruntons aux pays étrangers leurs richesses pour embellir la patrie[13]."

Or cette vision est partout présente dans les manuels proposés aux jeunes Africains qui chantent les mérites de la France, pays "le plus glorieux, le plus avancé en civilisation[14]" et stigmatisent les tares d'une Afrique barbare. Senghor et Sadji ne peuvent souscrire à de tels discours où patriotisme triomphant et paternalisme dégradant se mêlent, dans une même visée dénigrante et aliénante. Leur manuel convoque différentes formes de la littérature orale africaine pour montrer la richesse et la singularité de la culture africaine, épisodes des cycles populaires de Leuk-le-Lièvre et de Samba, légendes, "questions difficiles", devinettes. S'inspirant des travaux de Frobenius, il rappelle les fastes passés d'une civilisation riche et policée. Le roman sénégalais propose une vision valorisée de la culture africaine afin de faire échec à la politique de la table rase préconisée par la France coloniale du début du XXe siècle.

Cependant, *La belle histoire* ne se veut pas uniquement une exaltation de l'Afrique, mais aussi une promotion du métissage culturel. Il rappelle qu'

> [é]duquer signifie non seulement cultiver dans le milieu naturel, mais aussi, selon l'étymologie du mot, transplanter. Il est question, sur ce plan, d'amener l'enfant noir à assimiler les éléments fécondants de l'esprit français[15].

L'assimilation bien comprise est celle qui s'inscrit dans un véritable bicéphalisme de l'enseignement qui doit mêler les cultures française et africaine :

> "Il s'agit de partir du milieu et des civilisations négro-africaines où baigne l'enfant. Celui-ci doit apprendre à en connaître et exprimer les éléments dans sa langue maternelle d'abord, puis en français. Peu à peu, il élargira, autour de lui, le cercle de l'univers où, homme, il sera engagé demain"[16].

[10] G. Bruno, *op. cit.*, p. 184.
[11] *Ibid.*, p. 201 et p. 224.
[12] *Ibid.*, p. 201.
[13] *Ibid.*, p. 286.
[14] Préface de L. Sonolet et A. Pérès, *Moussa et Gi-Gla, histoire de deux petits noirs,* Livre de lecture courante, Paris, Librairie Armand Colin, 262p. ; 1916.
[15] Préface de L. S. Senghor et A. Sadji, *op. cit.*, p.4
[16] L. S. Senghor, "Le problème culturel en A.O.F", *op. cit.*, p. 14.

La belle histoire veut guider les jeunes élèves vers le second temps de formation, en les aidant à exprimer leurs traditions africaines en français. Ce n'est que dans ce mouvement de va-et-vient entre sa culture propre et la culture de l'autre, dans une admiration et une considération égales des deux, que l'élève africain pourra accéder à l'épanouissement de son être car il aura su tout à la fois “s'enraciner dans les valeurs de sa race, de son continent, de sa nation” et “s'ouvrir aux autres continents, aux autres races, aux autres nations[17]”.

On est bien loin de l'idéologie véhiculée par *Le tour de la France* qui, alors même qu'il veut sortir ses jeunes lecteurs des limites de leur village pour leur faire connaître d'autres horizons, les enferme aussitôt dans de nouvelles frontières, celles d'un pays à chérir. *La belle histoire* ne cherche pas à en faire d'ardents patriotes mais des citoyens du monde. Des hommes métis.

■ Véronique CORINUS
Doctorante en littérature française
et comparée à Paris IV et l'INALCO.
Elle travaille sur l'oralité créole.

Bibliographie

Chartier Anne-Marie, Hébrard Jean, *Discours sur la lecture,* Paris, BPI, 1989.

Choppin Alain, *Les manuels scolaires, histoire et actualité,* Paris, Hachette éducation, 1992.

Millot Hélène, “Naissance du roman populaire pour enfants”, *Écrits et expression populaires,* études réunies par Mireille Piarotas et présentées par Hélène Millot, C.I.E.R.E.C. - Travaux XCV. Publications de l'Université de Saint-Étienne, 1998.

Senghor Léopold Sédar, “Le problème culturel en A.O.F”, *Liberté I, Négritude et humanisme,* Paris, Editions du Seuil, 1964,

Senghor Léopold Sédar, *La poésie de l'action,* Paris, Stock, 1980.

[17] L. S. Senghor, *La poésie de l'action,* Paris, Stock, 1980, 359 p. ; p. 92.

VOIX FÉMININES DANS LE ROMAN DE JEUNESSE EN AFRIQUE FRANCOPHONE

La production littéraire féminine a largement contribué à l'émergence et à la constitution de la littérature enfantine et de jeunesse en Afrique. La majeure partie des auteurs écrivant pour le public jeune sont des femmes parmi lesquelles se trouvent des écrivaines reconnues en littérature pour adultes. Il est à noter que cette écriture féminine ne se consacre pas exclusivement aux vécus et aux situations des filles, mais aborde de manière générale les thèmes liés à l'enfance, à la jeunesse et à l'adolescence.

Le présent article se propose d'examiner la condition féminine juvénile dans la fiction romanesque destinée aux jeunes.

Absence de père, désir de paternité

Le thème des relations parents-enfants constitue un aspect essentiel de la représentation de l'enfance dans la littérature en général. Les relations père-fils, père-fille, mère-fils, mère-fille, présentent des similitudes et des points communs, mais aussi des différences marquantes déterminées par des paramètres culturels, sociaux, émotionnels ou psychologiques. Nous allons observer ici le traitement littéraire de la relation parents-filles à partir de deux romans de jeunesse qui examinent cette problématique à des degrés divers et dans des contextes différents.

Halimatou[1] de Abdoua Kanta et *Père inconnu*[2] de Pabé Mongo mettent en scène des protagonistes féminins juvéniles, chez lesquels l'absence physique du père[3] entraîne de toute évidence un ardent désir d'amour paternel et aura un impact sur les rapports de ces enfants avec la mère.

Dans *Halimatou,* l'éloignement du père est dicté par les lois et règles des coutumes ancestrales. Halimatou, l'héroïne du roman – âgée de 11 ans – est l'aînée de sa famille. Sa tradition – elle est Peule - exige qu'à la naissance du premier fils, l'enfant et la mère restent longtemps hors du foyer conjugal. Ce n'est qu'après des années que le père est autorisé à voir sa famille. Ainsi Halimatou a-t-elle beaucoup souffert de cette absence imposée :

> Halimatouyelle n'a jamais connu son père. On lui a souvent parlé de lui. [...] Halimatouyelle est toujours triste et pense beaucoup à son père[4].

La peine de la fillette est d'autant plus grande qu'elle est également sevrée d'amour maternel. En effet, bien que vivant sous le même toit, la mère se garde de faire montre d'affection envers sa fille, comme l'exige la

[1] Abdoua Kanta, *Halimatou.* Abidjan, Paris, NEA/EDICEF, 1987.
[2] Pabé Mongo, *Père inconnu.* Abidjan, Paris, NEA/EDICEF, 1985.
[3] La littérature féminine africaine aborde également ce sujet. Cf. Odile Cazenave, *Femmes rebelles. Naissance d'un nouveau roman africain au féminin.* Paris, Harmattan, 1996, pp.164-172.
[4] *op .cit* p. 5

tradition. Des questions relatives à ce comportement de la mère taraudent Halimatou, tant l'interdiction faite à une mère d'entourer son enfant d'affection la laisse perplexe. Ce qui se révèle dans le dialogue suivant entre la mère et la fille :

- Dis-moi, maman, je suis bien ta fille, non ?
- Oui, je suis vraiment ta vraie mère.
- Pourquoi ne me parles-tu jamais ? Même si grand-mère me maltraite, tu ne dis jamais rien. Je suis toujours malheureuse, mais tu ne fais rien pour me consoler. Ni toi, ni oncle, personne ne veut m'aider. Je reste seule avec ma souffrance.[5]

La situation de la jeune protagoniste, entièrement privée d'affection au sein de sa propre famille, ne peut laisser le lecteur insensible. Même la grand-mère ne peut s'émanciper de cette coutume qui veut que les enfants ne reçoivent pas de marques d'affection. D'une sévérité et d'une rigueur exagérées, sa méthode d'éducation tend à faire de sa petite fille une jeune fille modèle selon ses propres critères de jugement.

Dans *Père inconnu,* l'absence du père est plus longue et les conséquences davantage dramatiques. C'est le récit d'une histoire qui s'étend sur plusieurs années. La narratrice, une fille de 16 ans, comment l'absence du père a marqué sa vie depuis sa tendre enfance. L'incipit exprime en substance ses douleurs morales et ses souffrances psychologiques : "Etre un enfant sans père, il n'y a pas douleur plus profonde, désarroi plus grand, tristesse plus corrosive pour une petite fille[6].

Le thème central du roman est axé sur deux pôles : la bâtardise et la paternité irresponsable. La narratrice meurt du désir de connaître son père afin de ne plus être l'objet d'insultes du genre : "Pour n'importe quoi, on me rappelait que j'étais bâtarde"[7]. Elle est une âme en peine, s'apitoie sur son sort et décrit sans cesse son chagrin :

A présent le désir d'un père s'était définitivement logé dans mon cœur comme un ver dans un fruit. J'en étais malade.[8]

Dans les deux romans, l'absence de la figure paternelle n'est pas définitive. Halimatou retrouvera en effet son père. Ces retrouvailles représentent un moment d'intense émotion pour la fillette et pour le père. Ce dernier exprime son entière compréhension pour les souffrances de sa progéniture, dues à la longue séparation. Il la comprend d'autant plus qu'il fut lui-même victime de cette tradition, en tant que fils aîné. Faisant fi de cette coutume ancestrale, il s'excuse auprès de sa fille, tout en lui promettant protection et affection.

[5] *op. cit.,* p. 5-6.
[6] *op. cit.,* p. 5.
[7] *op. cit.,* p. 17
[8] *op. cit.,* p. 16

Par contre, *Père inconnu* présente une image négative de la figure de père. Celui-ci est décrit comme un homme qui a fui ses responsabilités. Après huit années de disparition, il revient au village pour un court séjour et saisit cette occasion pour aller chercher sa fille à l'école, mais en évitant soigneusement toute rencontre avec la mère de son enfant. De toutes les manières, cette visite éclair constitue pour la narratrice un grand moment de bonheur ("Une fille tenant la main de son père me semble constituer l'image parfaite du bonheur."[9]) mais le désir de se voir ne semble pas réciproque. En effet, alors que la fille ressent une profonde joie à être avec son père, tout porte à croire que l'aspiration de ce dernier à rencontrer l'enfant n'est que de façade ("Toujours très heureux et très fier de me voir, mais ne bougeant jamais le petit doigt pour me garder !"[10]). De surcroît, cette soif inextinguible de la présence paternelle va entraîner un conflit entre la fille et la mère, traumatisée par ses multiples déconvenues avec les hommes :

> les hommes sont des monstres, me répétait-elle. Il faut les fuir à quelque titre que ce soit, au titre de père ou de mari.[11]

Sur ce point va naître une divergence du vues : alors que la mère trouve le comportement du père entièrement indéfendable, la fille, tout en comprenant la colère de sa maman, juge "ses résolutions et jugements [...] excessifs"[12]. La narratrice, contre toute attente, trouve son papa "désormais excusable", faisant fi de l'exhortation de la mère au rejet du père :

> - Où étais-tu donc ? vilaine fille ? me demanda t-elle.
> - J'étais avec mon père au village.
> - C'est ça, ricana, ma mère. Ainsi donc tu as un père ! Je ne le savais pas, vraiment. Et où est-il, ce beau fantôme ? Tu oses appeler père un monsieur qui détourne une mineure de seize ans, au seuil de son Certificat et l'abandonne dans un état de grossesse ! Un monsieur qui disparaît pendant huit ans et, quand il revient, n'a même pas le courage de se montrer. [...] En tout cas c'est bien la dernière fois que je t'entends lui donner ce titre-là. [...] Et si jamais celui-ci se représentait à ton école à mon absence, envoie-le promener.[13]

La fin dramatique de l'histoire assombrit un peu plus le portrait de la jeune narratrice, puisque sa destinée finit par rejoindre celle de sa mère : répétition d'un implacable mauvais scénario héréditaire, elle conçoit, elle aussi, à l'âge de 16 ans et accouche d'une fille dont le père s'est volatilisé dans la nature. Sa fille sera comme elle de "père inconnu". Le terme "père

[9] *op. cit.,* p. 30.
[10] *op.cit.,* p. 71.
[11] *op. cit.,* p. 45.
[12] *op. cit.,* p. 43, ainsi que la citation suivante.
[13] *op. cit.,* p. 42

inconnu" semble un peu exagéré, dans la mesure où la paternité est bien établie, Il s'agit plutôt de père irresponsable. Dans le cas de la narratrice, le père s'est éclipsé et "a pris le large" aussitôt que la nouvelle de la grossesse lui a été annoncée.

L'intention de cette fresque sombre est de souligner l'irresponsabilité des hommes comme cause fondamentale de cette destinée malheureuse des adolescentes. Ce message s'inscrit en faux contre le fatalisme qui voudrait que la condition féminine soit en quelque sorte vouée à la bâtardise :

> Mais c'est une fille, c'est-à-dire une nouvelle proie à la bâtardise. Non, ma fille ne sera pas une proie ![14]

L'ordre phallocratique

La condition de la femme africaine représente un thème majeur dans la production littéraire féminine et fait entendre un discours féministe remettant en cause le pouvoir et la domination de la société patriarcale[15]. La littérature de jeunesse porte également son regard critique sur la condition faite aux fillettes et jeunes filles dans la société phallocratique. Il sera dans ce contexte particulièrement intéressant d'examiner comment ces personnages féminins – doublement en position de faiblesse – à titre d'enfant et comme sexe faible –, élevés dans une culture imposant la soumission des enfants aux personnes âgées, arrivent à affronter la machine patriarcale.

Un mariage forcé[16] de Doumbi-Fakoly, comme l'indique son titre, traite d'une situation où la volonté propre de personnages de sexe féminin n'est pas aucunement prise en compte. Composé de six chapitres courts, le roman entre d'emblée dans le vif du sujet avec un premier chapitre intitulé "L'annonce du mariage" qui commence comme suit :

> Hier, mon père m'a annoncé qu'il veut interrompre mes études pour me marier à un commerçant qui fait de la politique. [...] Mais mon père a décidé de bouleverser ma vie et mettre fin à mes rêves."[17]

La narratrice, Nakany, une adolescente de 17 ans, élève en classe de terminale, désapprouve certes la décision de son père, mais se sent incapable de l'amener à renoncer à ce "projet franchement inacceptable". Le roman développe un discours féministe, axé sur l'émancipation de la jeune fille et sur son droit à disposer de sa vie, faisant émerger des personnages – pour la plupart féminins – qui prennent parti pour Nakany, mais ce dis-

[14] *op. cit.*, p. 87.

[15] Cf. Odile Cazenave, *op. cit.* - Pierrette Herzberger-Fofana, *Littérature féminine francophone d'Afrique Noire. Suivi d'un dictionnaire des romancières.* Paris, Harmattan, 2000.

[16] Doumbi-Fakoly, *Un mariage forcé.* Abidjan, Montréal, CEDA/HMH, 1999.

[17] *op.cit.,* p. 7 et paragraphe suivant : p. 11.

cours ne pourra rien changer : Nakany n'entrera pas en rébellion contre son père, car, soucieuse de la cohésion familiale, elle craint tout conflit avec son père. Finalement, la solution du problème résultera d'un compromis visant à sauvegarder l'entente et l'harmonie familiale :

> Parce que j'aime aussi fort ma mère Sira que ma tante Wassa et mon père, parce que je refuse d'être la cause de leur séparation et, par conséquent, de la désunion de la famille, je demande la parole. [...] Voilà : je vous propose d'attendre la fin de l'année scolaire : si j'échoue à mon examen, je me marierai selon la volonté de mon père. Mais si je réussis, je demande à être autorisée à poursuivre mes études."[18]

Compromis ou compromission ? Toujours est-il que la solution proposée reflète la répugnance de la narratrice à remettre à tout prix en cause l'ordre phallocratique, en choisissant la voie du combat.

L'heureux dénouement du récit n'est pas dû à ce compromis, mais plutôt à une circonstance heureuse, à savoir l'arrestation de son prétendant pour malversations.

L'intention de l'auteur est sans doute de montrer simplement le caractère rétrograde de l'imposition d'un mariage. En fin de compte le père se montre raisonnable :

> Désormais, je n'obligerai plus aucun de mes enfants à se marier contre son gré. Je te demande pardon, Nakany, et je te souhaite bonne chance pour ton examen.[19]

La fille domestique, une esclave ?

Les traitements réservés aux filles résultent de leur condition féminine. A cet égard, on peut comprendre qu'elles sont soumises à un véritable esclavage moderne qui ne dit pas son nom : employées comme des domestiques, elles doivent exécuter sans répit toutes sortes de tâches pénibles et sont ainsi privées de leur enfance et de tous les droits qui doivent s'y rapporter.

Une vie de bonne[20] de Flore Hazoumé relate le drame de Sarafatou, âgée de 15 ans, dont toute la vie se résume à être bonne :

> Et tout en faisant la vaisselle, Sarafatou déroulait le film de sa vie. A quinze ans, ses souvenirs d'enfance étaient une succession de brimades et de mauvais traitements. (p. 8).

Même au sein de sa propre famille, elle est astreinte à cette servitude ; elle n'a pas droit à l'éducation scolaire, comme le justifie son père :

[18] *op. cit.*, p. 30.

[19] *op. cit.*, p. 64

[20] Flore Hazoumé, *Une vie de bonne.* Abidjan, Montréal, CEDA/HMH 1999. Les citations suivantes sont en p. 8 puis en p. 10.

> Cesse de te comparer aux garçons ! Un garçon est un garçon et toi, tu n'es qu'une fille. Tu es faite pour te marier et avoir des enfants, et pour cela, tu n'as pas besoin d'aller à l'école.

Sa vie est une succession d'évènements tragiques. Travaillant comme bonne dans une autre famille, elle est traitée avec désinvolture et cynisme par la maîtresse de maison qui éprouve manifestement un plaisir sadique à maltraiter la fillette à longueur de journée comme le prouve ses propos suivants :

> Les enfants passent la journée à l'école. Maintenant, tu as trop de temps libre. A partir d'aujourd'hui, tu prépareras des beignets que tu vendras tous les matins aux passants. Ça me permettra d'arrondir mes fins de mois ![21]

Pire, le chef de famille abuse d'elle et quand elle se retrouve enceinte, il la chasse de la maison. Cet acte d'un cynisme absolu conduira la protagoniste à d'autres aventures non moins malheureuses.

Conclusion

Notre analyse a révélé différents portraits de fillettes et d'adolescentes dans un contexte de réalisme social. Les romans examinés dénoncent les drames vécus par ces personnages et dont les causes premières résident dans l'ordre phallocratique. Plus que leurs mères, les jeunes filles sont vulnérables et fragiles devant l'institution patriarcale. Certes elles n'acceptent pas le statut inférieur attribué aux femmes, mais sont incapables d'exprimer ouvertement leur sentiment de révolte. Elles se voient souvent contraintes à la résignation. Bien que leur vie soit souvent jonchée d'écueils et d'événements malheureux, on constate pourtant que, dans la plupart des cas, leurs histoires connaissent un dénouement heureux. Manière tacite pour ces romans de montrer qu'une meilleure destinée des personnages féminins ne relève pas de l'utopie.

■ Kodjo ATTIKPOE
Université de Francfort/Main (Allemagne)

Références bibliographiques

Cazenave Odile, *Femmes rebelles. Naissance d'un nouveau roman africain au féminin,* Paris, l'Harmattan 1996.

Doumbi-Fakoly, *Un mariage forcé,* Abidjan, Montréal, CEDA/HMH, 1999.

Hazoumé Flore, *Une vie de bonne,* Abidjan, Montréal, CEDA/HMH, 1999.

Herzberger-Fofana Pierrette, *Littérature féminine francophone d'Afrique Noire. Suivi d'un dictionnaire des romancières,* Paris, l'Harmattan, 2000.

Kanta, Abdoua, *Halimatou,* Abidjan, Paris, NEA/EDICEF, 1987.

Mongo Pabé, *Père inconnu,* Abidjan, Paris, NEA/EDICEF, 1985.

[21] *op. cit.,* p. 18.

Le livre, objet d'intégration socioculturelle de l'enfant en Afrique noire francophone

Notre analyse portera sur quelques titres d'auteurs qui, au fil du temps, s'imposent dans le paysage de la littérature pour enfants. Notre problématique est liée à la portée initiatique de certaines aventures offertes à la lecture des enfants. Il s'agira de voir si le livre que tient l'enfant peut être l'instrument de sa propre initiation, tant linguistique que socioculturelle.

La dimension linguistique de l'initiation

Les auteurs africains pour enfants n'hésitent pas à faire du manuel de lecture ou du livre de rayon un outil d'expérimentation qui débouche sur un éveil créatif. L'enfant découvre l'univers des mots avec toutes les images qu'ils véhiculent.

Tel est le cas de la jeune Obone dans *Premières lectures*[1] de Justine Mintsa. Le contact d'Obone avec le livre tient presque de l'ordre du sacré. Il y a une totale adhésion de sa part à pénétrer dans l'univers de la beauté créatrice des mots.

> C'est vraiment pendant "ces" vacances que j'ai découvert la magie d'un livre. On entend des sons sans se servir des oreilles ; on voit des couleurs et des formes sans avoir à poser son regard sur elles ; on peut sentir le chaud et le froid sans les toucher ; sentir les odeurs sans l'aide du nez...[2]

C'est à un véritable culte des sens que se livre notre auteure, Justine Mintsa. L'émerveillement de l'héroïne Obone est une invitation claire adressée à tous les lecteurs à se laisser posséder par la magie créatrice du verbe.

Le travail d'écriture effectué par certains auteurs africains de livres pour enfants témoigne de la portée métalinguistique de leur discours et est à mettre en parallèle avec la valeur accordée au mot (à la parole) en Afrique. Le verbe dans son essence relève de l'ordre du sacré et est étroitement lié à l'histoire des hommes qui l'utilisent dans les circonstances de la vie. Certains en ont percé le mystère et le manient avec habileté. Ainsi l'enfant[3], fasciné par la puissance des mots (puissance de création, de suggestion et de communication) éprouve une joie légitime en même temps qu'il prend conscience de la réalité extralinguistique à laquelle il accède

[1] Justine Mintsa, *Premières lectures,* Edition Haho, Lomé, 1998, 42 p.

[2] *idem* p. 13

[3] Il faut préciser que l'adulte est concerné au même titre que l'enfant par la fascination des mots qu'il découvre sous un jour nouveau. Néanmoins, l'expérience de l'enfant n'aura pas la même tonalité, voire le même degré d'appréciation que celle de l'adulte à cause des prédispositions inégales.

dorénavant. La position dans laquelle il se retrouve, c'est-à-dire celle de spectateur d'abord (témoin de l'aventure d'Obone), ensuite d'acteur (participant à son tour à l'acte de déchiffrement des mots), développe à coup sûr sa capacité à maîtriser tous les aspects abordés dans un livre avec l'aide de l'écrivain. Il est dès lors en mesure d'entrer dans l'intimité d'un personnage uniquement par la force des mots, d'où la conviction qui se forge en lui : lire, c'est pénétrer la pensée des autres.

L'initiation de l'enfant par le livre peut s'améliorer encore grâce à l'œuvre d'Arthur Benga Ndjémé intitulée *Abécédaire*[4], qui va lui fournir les premiers rudiments de l'alphabet. A partir d'un jeu de lettres à la fois créatif et littéraire, ce livre suggère, à l'aide de mots (poème), les lignes et les formes de chaque caractère de l'alphabet français. Poussé par l'envie d'imiter, l'enfant peut vite s'approprier ces lettres qu'il découvre sous un jour nouveau. La lettre Y du poème "Yaya" disposé dans la page à partir des mots qui composent le poème s'offre à une interprétation particulière liée justement à la thématique du recueil qui est la connaissance de soi et des autres. Les mots sur lesquels porte la rime en (eil) à savoir "soleil, appareil, pareils, éveil, conseils, orteils" jouent sur l'effort de mémorisation du petit lecteur et lui font découvrir dans le même temps le personnage exceptionnel du grand-père à travers les symboles qu'il incarne, notamment la douceur, la sagesse, l'amabilité et la bonté.

L'expérience de la lecture devient pour l'enfant la voie royale pour accéder à l'univers des mots, lui dévoilant ainsi, au-delà de leur aspect fonctionnel, leur côté enchanteur.

Le poète Cossy Guénou en a saisi toute la portée dans son poème "Les mots" :

Regarde bien les mots que tu écris.
Ils te regardent et te ressemblent :
C'est qu'ils portent en eux, fidèles,
La lumière et l'ombre,
La douleur ou le sourire
Que tu leur confies
C'est toi qui les fais parler
Et vivre ou revivre.[5]

La valeur personnifiée conférée aux mots par le poète invite en quelque sorte l'enfant-lecteur à trouver en eux de véritables confidents de leurs joies et de leurs peines. Le regard qu'il porte dorénavant sur ces mots n'est plus celui avec lequel il les observait. Il accapare le pouvoir qui lui est dévolu d'agir sur les mots, de les faire exister, bref de façonner progressivement sa

[4] Arthur Benga Ndjémé, *Abécédaire,* Libreville, Ed Servedit, 1997
[5] Cossy Guénou, *Eméfa,* Lomé, Editions Haho, 1997, p.12

personnalité avec des outils dont il découvre la richesse intrinsèque.

Ainsi l'interaction adulte-enfant-livre joue un rôle essentiel dans cette initiation pour la simple raison que la rencontre de l'enfant avec l'écrit et ses formes symboliques favorise la construction de significations en même temps qu'elle le plonge dans les racines de la société. Car la dimension socioculturelle de cette initiation par le livre est essentielle.

La dimension socioculturelle de l'initiation

A l'instar des sociétés initiatiques de l'Afrique traditionnelle où le jeune homme ou la jeune fille, après un temps de réclusion, revient vers la communauté, imbu de ses valeurs, les livres aussi s'offrent des espaces qui laissent apparaître des structures ou des aventures dont la finalité reste la socialisation du lecteur.

Par le biais du merveilleux distillé à travers les pages, objet de tant de plaisirs pour l'enfant, les auteurs agissent sur le subconscient de celui-ci en prévision de son intégration dans la sphère adulte. Jeanne Michel a d'ailleurs insisté sur cette forme de pédagogie qui incombe aux adultes lorsqu'elle écrit dans son ouvrage *L'imaginaire de l'enfant, les contes*[6] :

> L'intérêt de l'enfant rejoint le besoin profond de l'adulte d'initier au merveilleux. Car c'est l'adulte qui vit encore sur le plan de l'enfance et en même temps possède en lui, et très profondément, le besoin d'enseigner, d'initier, qui introduit l'enfant dans le merveilleux comme pour le faire pénétrer dans les mystères qui préoccupent la communauté.[7]

Presque tous les textes destinés aux lecteurs (enfants ou jeunes) fonctionnent sur cette base, celle de favoriser l'accès du destinataire potentiel à la connaissance de son milieu, voire à ses mystères. Nous en avons retenu deux à savoir *Contes de la forêt magique*[8] de Tétévi Médétognon-Bénissan et *L'histoire de Pendo, la petite fille paresseuse*[9] d'Henriette Nikiéma, pour la simple raison qu'ils sont plus proches de la pédagogie initiatique, notamment à travers le choix des personnages et la nature même des épreuves.

L'exemple de Pendo, l'héroïne du récit de Henriette Nikiéma est révélateur de l'ascension du personnage vers une forme de renaissance. Précisons pour commencer qu'au stade initial, Pendo est tout le contraire de la fille que sa mère aurait voulu avoir. Elle traîne le vice de la paresse et ignore tout de l'art culinaire, source de honte extrême pour sa mère

[6] Jeanne Michel, *L'imaginaire de l'enfant, les contes,* Paris, Edition Fernand Nathan, 1976, 223 p.

[7] *ibid.* p. 71

[8] Médétognon-Bénissan Tétévi, *Contes de la forêt magique,* Lomé, Edition Haho, 1996, 127 p.

[9] Henriette Nikiéma, *L'histoire de Pendo, la petite fille paresseuse,* Lomé, Haho, 1995, 35 p.

car :

> Un enfant bien éduqué appartient à toute la société. Mais mal éduqué, il n'appartient qu'à sa famille.[10]

Le voyage improvisé qu'organisera sa mère ouvrira la voie à la véritable initiation de Pendo. Tombée dans un dénuement total et essuyant le refus partout où elle passe, Pendo sera poussée à l'aventure :

> Abandonnée par tout le village et sans secours, elle se dirigea vers la forêt. Là-bas, songea-t-elle, je ne mourrai pas de faim. Je trouverai sans doute quelques fruits mûrs. Et je calmerai ma faim pour un moment.[11]

L'entrée dans la forêt marque le début du parcours initiatique de Pendo que le lecteur suivra avec attention et plaisir. L'héroïne, par un concours de circonstances, sera amenée à apprendre les notions élémentaires de l'art culinaire sous les sages conseils d'un arbre mystique à visage humain.

La lecture du cheminement de Pendo, très plaisante et divertissante pour le lecteur-enfant, participe aussi de son édification. Ce sont des valeurs de courage, de persévérance dans l'épreuve et de fierté légitime qu'il découvre et qu'il capitalise pour son évolution sociale.

L'image de l'arbre-génie sous la conduite duquel Pendo a subi sa transformation est celle de tout adulte qui accompagne l'enfant dans les premiers pas de la vie. L'enfant a aussi besoin de se faire un idéal de vie et le livre contribue largement à cette mise en confiance.

L'expérience de Pendo rejoint celle de Tovo, le héros de *Contes de la forêt magique* sur les plans spatial et social. Il faut néanmoins préciser que le conte de Médétognon-Bénissan Tétévi qui s'intitule “Le tam-tam magique” et qui occupe la première partie de son œuvre possède cet avantage d'être construit sur le modèle du type en miroir dégagé par Denise Paulme dans son analyse des structures des contes africains.

Le conte en question met en scène deux personnages, le héros Tovo et son antihéros Djitri qui, pour faire face à la grande famine consécutive à l'inondation qui a dévasté les champs, furent envoyés chacun par sa mère dans le village de leur oncle pour ramener des provisions et des vivres. Le voyage que chacun d'eux effectuera prendra aussi des allures initiatiques et le manque à combler sert encore une fois de cause à un tel périple car :

> … comme le mythe, mais sur un plan moins élevé, le conte est presque toujours le récit de la réduction d'une opposition, ou celui de la façon dont un manque collectif dans le cas du mythe, individuel dans celui du conte, aura été comblé dans la mesure des forces humaines.[12]

[10] *idem* p. 34

[11] *ibid.* p. 17

[12] Denise Paulme, *La mère dévorante. Essai sur la morphologie des contes africains,* Paris, Edition Gallimard, 1986, p. 10

Contrairement à Pendo qui a ciblé ou choisi l'espace de son initiation, à savoir la forêt, cet item s'est plutôt imposé à Tovo en devenant le passage obligé pour atteindre le village de son oncle :

> Le lendemain, à l'aube, après avoir écouté avec attention les recommandations maternelles, Tovo partit pour le village de son oncle. (...) Tovo s'enfonça dans la brousse, seul sur un sentier sinueux. Il marcha longtemps, tenaillé par la faim et la soif.[13]

Cette pénétration ou immersion dans les profondeurs de la brousse ou de la forêt rappelle tout le combat spirituel que le futur initié doit livrer pour sortir vainqueur des épreuves et décrocher ainsi le trophée de la connaissance. C'est d'ailleurs ce que souligne Lilian Kesteloot dans l'introduction de *Kaïdara, récit initiatique peul* d'Amadou Hampaté Bâ :

> Mais pourquoi est-ce un but, pourquoi vouloir atteindre à tout prix, à travers mille épreuves, le mystérieux Kaïdara ? (…) C'est que Kaïdara n'est rien moins que le dieu de l'or et de la connaissance…[14]

La traversée de la brousse par Tovo l'exposera à trois épreuves qu'il doit réussir pour espérer continuer sereinement son voyage. Ce sont les épreuves du vieux crocodile, de la chèvre perdue et surtout de la Voix mystérieuse. Cette dernière épreuve reste capitale car elle conditionne à elle seule l'issue de l'aventure. Tovo s'est retrouvé aveugle par suite d'une maladresse et le recouvrement de la vue passe nécessairement par les réponses à trois énigmes que lui pose la Voix mystérieuse :

> Voici la première question :
> - Qu'est-ce qui fait la valeur d'un homme ?
> Tovo répondit :
> - Le travail, le courage et l'honnêteté
> - La seconde : Qu'est-ce qui est à la fois long et court ?
> - Le temps
> - La troisième : Quel est le plus grand défaut de l'homme ?
> Tovo retint son souffle pendant un instant, dit :
> - La précipitation.[15]

Cette étape franchie, le personnage se verra confier le nom de la Voix mystérieuse qui est : *Attention, Discipline et Persévérance.*

Ces noms résument à eux seuls les principes de vie dont l'utilité est souvent ignorée ou négligée par l'homme. La recommandation de la Voix mystérieuse est en même temps un clin d'œil au lecteur qui, sans subir les contraintes liées au parcours initiatique, découvre les valeurs qui fondent

[13] Tétévi Médétognon-Bénissan, *Contes de la forêt magique, op. cit.* p. 13.
[14] Amadou Hampaté Bâ, *Kaïdara, récit initiatique peul,* Classiques africains, Paris, Edition Julliard, 1969, p. 13.
[15] Médétognon-Bénissan Tétévi, *Contes de la forêt magique, op. cit.* p. 16.

l'existence humaine, d'autant que l'échec de l'anti-héros Djitri à surmonter les mêmes épreuves est un facteur déterminant pour une prise de conscience adéquate véritable.

L'appropriation ou la mémorisation de la devinette à des fins de divertissement par les lecteurs enfants peut favoriser leur socialisation et aussi le développement de leur faculté intellectuelle.

La fin du périple de Tovo est sanctionnée par le cadeau d'un "tam-tam magique", lequel symbolise la parfaite réussite de l'initiation grâce à l'humilité et l'esprit d'obéissance du héros tout au long de ses aventures. Ces valeurs que les petits lecteurs intègrent progressivement dans leur conscience favorisent considérablement leur évolution au sein de la communauté.

Ainsi, contrairement aux personnages de Tovo et de Pendo dont l'initiation se localise en brousse ou en forêt, le lecteur enfant réalise sa pleine maturation par le biais des livres qui se transforment alors en de véritables espaces initiatiques, parfaits reflets de la société africaine.

■ Jean-Rémy Amakoé d'Almeida
Chercheur associé
CRTH Université de Cergy Pontoise

Bibliographie

Benga Ndjeme Arthur, *Abécédaire*, Libreville, éd. Servedit, 1997, 17 p.

Guenou Cossy, *Eméfa,* Lomé , éd. Haho, 1997, 12 p.

Hampate Ba Amadou, *Kaïdara, récit initiatique peul,* Classiques africains, Paris, éd. Julliard, 1969, 181 p.

Medetognon-Benissan Tétévi, *Contes de la forêt magique,* Lomé, éd. Haho, 1996, 127 p.

Michel Jeanne, *L'imaginaire de l'enfant, les contes,* Paris, éd. Fernand Nathan, 1976, 223 p.

Mintsa Justine, *Premières lectures,* Lomé, éd. Haho, 1998, 42 p.

Nikiema Henriette, *L'histoire de Pendo, la petite fille paresseuse,* Lomé, éd. Haho, 1995, 35 p.

Paulme Denise, *La mère dévorante : Essai sur la morphologie des contes africains,* Paris, éd. Gallimard, 1986, 321 p.

Recherches croisées au Burkina Faso

RECHERCHE SUR LES LITTÉRATURES DE L'ENFANCE ET DE JEUNESSE AU BURKINA FASO : ÉTAT DES LIEUX ET PERSPECTIVES[1]

L'équipe de recherche pluridisciplinaire des littératures de l'enfance et de jeunesse du Burkina Faso mise en place depuis décembre 2003 s'est penchée sur la thématique suivante : "La production littéraire pour enfants au Burkina Faso : rapport entre l'oralité et l'écriture et l'utilisation de l'oralité comme support pédagogique". Fruit d'une collaboration scientifique entre l'Institut des Sciences des Sociétés (INSS), du Centre National de la Recherche Scientifique et Technologique (CNRST) du Burkina Faso, l'Université Libre du Burkina et du Laboratoire Langages, Langues et Cultures d'Afrique Noire (LLACAN) du CNRS (UMR 8135) en France, l'équipe a travaillé en synergie pour aborder les questions de l'enfance et de la jeunesse dans la littérature burkinabé. Cette recherche coordonnée par Alain Sissao s'inscrit dans un double objectif (recherche et pédagogie) et participe de la découverte, de la connaissance et de l'enseignement de la littérature de l'enfance au Burkina Faso. La production littéraire pour enfants par des adultes répond a priori au souci de ces derniers d'inculquer un certain nombre de valeurs positives participant à l'éducation des enfants. De ce point de vue, la vision du monde véhiculée dans cette production littéraire constitue un centre d'intérêt pour l'équipe de recherche, surtout si l'on prend en considération sa portée et sa dimension pédagogiques.

Ressources humaines

L'équipe pluridisciplinaire est constituée de littéraires, de linguistes, d'un sociolinguiste, d'un ethnolinguiste et d'un éditeur : un spécialiste en littérature écrite et orale africaine et burkinabé (Alain Joseph Sissao) : contes, proverbes, légendes etc. Il est le coordonnateur de l'équipe de recherche ; deux linguistes (Issa Diallo et Marie-Louise Millogo) ; un anthropologue et littéraire (Vincent Ouattara) ; un sociolinguiste (Mamadou Lamine Sanogo) ; un ethnolinguiste (Oger Kaboré) ; un linguiste et éditeur, responsable de la sérieuse collection contes et légendes de Karthala (Henry Tourneux).

[1] Alain Joseph Sissao, Chargé de Recherche INSS/CNRST 03 BP 7047, Ouagadougou 03 Burkina Faso. alainsis@hotmail.com

Les objectifs de la recherche

Il s'agit d'analyser la circulation des contes et autres formes verbales des arts du mot. Le recensement et le travail sur les œuvres littéraires burkinabé ont permis de découvrir une importante production destinée aux enfants (contes, légendes, proverbes etc.). Cette production a besoin d'être connue, dans l'enseignement primaire et secondaire.

Objectifs pédagogiques à long terme

Les préoccupations qui animent l'équipe sont de plusieurs ordres. Il s'agit d'analyser la thématique de la production burkinabé des littératures de l'enfance ; faire ressortir l'intérêt pédagogique de cette production ; les valeurs éducatives. Il s'agit aussi de montrer la valeur culturelle liée à cette production des littératures de l'enfance ; et de mettre à la disposition des enseignants et des éducateurs un outil pédagogique qui les aide dans leurs missions d'enseignement, d'éducation (Issa Diallo, Ouattara Vincent). Ainsi, la voie tracée permettra d'identifier et de dégager ces valeurs qui serviront de repères pour un enseignement approprié et surtout une exploitation éducative. Plusieurs stratégies sont mises en œuvre. Le travail passe par une lecture attentive des œuvres recensées pour identifier les thématiques et les approches des auteurs et illustrateurs, de même que des entretiens avec les écrivains dont la force des œuvres frappe, de même que les illustrateurs. Dans le même ordre d'idée, des entretiens avec des enseignants du primaire et leurs encadreurs (conseillers pédagogiques et inspecteurs) seront réalisés afin de saisir leurs attentes vis-à-vis d'une littérature pour enfants, de déterminer les critères qui doivent guider au choix des œuvres au programme. Des entretiens avec des bibliothécaires sur les lectures des enfants et des entretiens avec des enfants autour de leurs lectures vont permettre de saisir l'univers de l'enfance. Dans le cadre de la meilleure connaissance de la production du livre, des entretiens ont été réalisés avec les éditeurs pour cerner leur création, le nombre de titres annuels, une sélection de leurs titres les plus intéressants (Sissao). Une place est réservée à l'analyse de la circulation de certains écrits oraux (contes), la place de l'oralité à la radio et les autres arts (Oger Kaboré, Sissao). Les langues nationales et leur rapport au français (cas des contes et proverbes) seront examinés. Ces stratégies permettront de faire un état des lieux, de déterminer le degré de connaissance de la production littéraire par le monde scolaire, de connaître les conditions de cette production et surtout les attentes de l'encadrement pédagogique des enfants.

Résultats immédiats de la recherche

Alain Sissao, à travers l'"Analyse bibliographique sur l'émergence de la littérature de l'enfance et de jeunesse au Burkina Faso", recense grâce à une recherche bibliographique fouillée et minutieuse la production littéraire destinée aux enfants et à la jeunesse au Burkina. Il identifie près de cent cinquante quatre titres, tous genres confondus : poésie, théâtre, romans, contes, légendes, mythes, proverbes. Il examine les critères théoriques liés à la littérature de l'enfance. Le travail recense la production littéraire burkinabé, les œuvres qui mettent en scène les enfants ou mettent les enfants au centre de leur thématique. Il s'agit de distinguer les ouvrages destinés à l'enfance ou à la jeunesse dès l'origine de ceux que la société considère comme les concernant. La littérature de l'enfance et de jeunesse est aujourd'hui une acception reconnue par tous les critiques littéraires. Cet état de fait résulte d'une notoriété qui s'est tissée au fil du temps. Les œuvres sur l'enfance et la jeunesse abordent les questions et les préoccupations de ce monde. Cette littérature n'est pas mineure parce qu'elle renferme des qualités littéraires certaines. En Occident, de grands auteurs ont abordé et exploré le monde de l'enfance et de la jeunesse, que ce soit en Grande Bretagne, en France, au Québec et aux Etats Unis. En Afrique, l'émergence de la littérature de l'enfance et de jeunesse s'est faite de façon plus lente et tardive. Sissao essaie de faire, dans cette recherche, le point de ce qui existe au Burkina Faso. Cet état des lieux est suivi d'une classification des œuvres par genres : contes, romans, poésie, théâtre, bandes dessinées, thèses, mémoires. Une analyse critique est faite sur la forme et le contenu des œuvres. Au total, ce travail tente de cerner les bases qui fondent l'émergence de la littérature de l'enfance et de jeunesse au Burkina Faso.

Résultats atteints

Ce travail de recherche pluridisciplinaire a permis d'atteindre des résultats intéressants, notamment une meilleure connaissance de la production littéraire (surtout oralité) pour enfants au Burkina Faso. La recherche met ainsi à la disposition des enseignants un outil d'enseignement, d'éducation et de formation des enfants. L'axe de la relation oralité-écriture nous paraît fondamental pour notre étude, nous l'avons abordé de manière renouvelée de façon à ne pas diviser l'un et l'autre champ de manière traditionnelle ; c'est pourquoi l'approche pluridisciplinaire a été privilégiée. Finalement, c'est un enrichissement de la recherche sur la littérature burkinabé. Cette préoccupation part d'un constat : l'absence dans les programmes d'enseignement de littérature burkinabé en général et de la nécessité d'exploiter les richesses de cette production dans l'éducation et la formation des enfants. D'autre part, l'importance de la production littéraire à l'attention des enfants est telle qu'il est nécessaire qu'elle ait les qualités et des valeurs à même de favoriser sa présence dans les programmes d'enseignement. Ainsi les résultats du présent projet auraient comme bénéficiaires non seulement le système éducatif, notamment l'enseignement primaire et secondaire, mais aussi les écrivains à travers la mise à leur disposition des attentes exprimées par l'encadrement pédagogique.

Les caractéristiques de l'édition au Burkina Faso

Comme l'a montré Henry Tourneux dans sa recherche sur l'édition, le milieu connaît un certain nombre de difficultés. Les éditeurs ont besoin de soutien, car les réalités de confection d'un livre relèvent du chemin du combattant. Il faut procéder à une formation de professionnels du livre, des imprimeurs se trouvant déjà sur place, et apporter l'aide à la création d'une véritable maison d'édition.

Les éditeurs au Burkina Faso

Les éditeurs au Burkina Faso sont regroupés autour d'une association nommée l'ASSEDIF, c'est-à-dire l'Association des Editeurs du Burkina Faso : Editions Découvertes du Burkina ; Editions Firmament ; Editions Gambidi ; Editions GTI (Graphic Technic International) ; Guirma International Production ; Editions Hamaria ; Editions Kraal ; Editions La Muse ; Presses Universitaires de Ouagadougou ; Editions Sankofa & Guirli ; Editions scientifiques du CNRST.

La création

La création au Burkina est très riche. Le besoin d'écrire fait partie des préoccupations des burkinabé. Tous les deux ans, la Semaine Nationale de la Culture (SNC) regroupe en compétition des artistes ainsi que les écrivains. En effet, les années 80 sont marquées par l'entrée dans l'arène littéraire de nouveaux auteurs qui vont profiter de la prise en compte des préoccupations culturelles par l'Etat pour s'y investir. La révolution du 4 août 1983 crée la Semaine Nationale de la Culture qui sert de cadre au concours du Grand prix National des Arts et des Lettres (GPNAL). Selon Sanou Salaka[2], le GPNAL a joué un rôle primordial dans cette deuxième période de la littérature burkinabé. Il a révélé de jeunes auteurs talentueux et de nouvelles œuvres. Il ressort que la participation au GPNAL en français et en langues nationales des auteurs par catégorie et genre littéraire, de 1983 à 2000 est appréciable. Cette tendance continue toujours et a consacré aussi des talents dans le domaine de la production des littératures de l'enfance.

Le nombre de titres

Nous faisons une sélection des titres les plus lus et disponibles en librairie au moment où cette recherche était menée (2004-2005) sur la littérature de l'enfance. Certains de ces titres paraissent aussi dans le catalogue collectif ou plaquette de présentation de l'ASSEDIF 2003-2004.

[2] S. Sanou, *La littérature Burkinabé : l'histoire, les hommes, les œuvres,* Presses, universitaires de Limoges (PULIM), 2000, p. 220

(01) Barro Mamadou, 1994, *Le cahier de souvenirs,* Littérature enfantine (roman), illustré par M'pa Léonard Palm, s.l. (Ouagadougou), Éditions La Muse, 40 p.

(02) Coulibaly Aboubacar, s.d., *Contes et Légendes,* s.l., 32 p. [illustrations signées K.S. Gringo].

(03) Guingane Jean-Pierre, 1990, *papa, oublie-moi,* éditions gambidi, Ouagadougou, 80 p.

(04) Hien Ansomwin Ignace (imprimé en mars 1995), *Le conte de la Volta noire : Contes dagara, corpus II,* illustré par M'pa Léonard Palm, s.l. (Ouagadougou), Éditions G.T.I., 168 p. (ISBN 2-911740-00-9).

(05) Hien Ansomwin Ignace, 1999, *La nuit des tout-jeunes : Contes pour enfants,* Volume 2, Le cheval à la bouse d'or : Contes dagara, illustrés par Roger Nacoulma, *s.l.* (Ouagadougou), Éditions G.T.I., 128 p. (ISBN 2-911740-09-2).

(06) Hien Ansomwin Ignace, 2001, *Je veux la lune,* Roman, illustré par Taofik Atoro, Éditions Haho, Ganndal, G.T.I. ; Lomé, Conakry, Ouagadougou, 40 p.

(07) Ilboudo Clémentine, s.d., *Robert ou l'enfant modèle,* Roman pour enfants (de 12 ans et plus), Collection Clem-Elo, (illustré par O. Willy et P.W.P.), Ouagadougou, imprimé par Général Express Service, 88 p.

(08) Kaboré Roger Bila, 1997, *L'épopee de boukary koutou empereur des moose,* éditions firmament, Ouagadougou, 180 p.

(09) Kaboré Roger Bila, 1999, *Au clair de lune contes et proverbes du Burkina,* Editions du Firmament, Ouagadougou 146 p.

(10) Konaté Moussa, 1998, *Les trois chiots et leur mère ou les devoirs des enfants,* illustré par Konaté Moussa, Ouagadougou, Imprimerie nationale, 24 p.

(11) (Konaté Moussa), s.d., *Le Caïman, le Chasseur et le Lièvre* (traduit en arabe par Nefla Dhab, illustré par Konaté-Akkari), Conte Burkinabé, coll. "grain de sésame", Sidi Bou Saîd (Tunisie), Alyssa-Juniors, 24 p. (ISBN 9973-758-27-7).

(12) Salo Joel (sd.) *Wambi* (bande dessinée), édition Hamaria

(13) Sanou Fatoumata, 1994, *Tiiga,* Littérature enfantine (roman), illustré par M'pa Léonard Palm, s.l. (Ouagadougou), Éditions La Muse, 20 p.

(14) Sissao Alain-Joseph, *Contes du pays des Moose,* Burkina Faso, Paris, Karthala - Editions unesco, 160 p. (ISBN 2-84586-223-7 / 92-3-203829-3).

(15) Some Firmin, 1994, *Elsa mon amie,* Littérature enfantine (roman), illustré par M'pa Léonard Palm, s.l. (Ouagadougou), Éditions La Muse, 40 p.

(16) Tamini Dofini Wotuen, s.d., *Saisons de jeunesse,* s.l., imprimé par F.G.Z. Trading, Ouagadougou, 72 p.

(17) Tiendrebeogo / Ouedraogo Marie Bernadette, s.d. (2001), *Les contes du terroir,* 2e édition, illustré par Rodrigue Tapsoba, s.l. (Ouagadougou), Auto-édition, imprimé sur les presses de l'imprimerie des Éditions Sidwaya, 102 p.

(18) Tiendrebeogo Catherine, 2002, *Escargoto,* La Muse, Sankofa & Gurli, Ouagadougou, 34p

(19) Union Namanegbzänga des groupements villageois de Tanlili, 2003, *Les tresses de la pintade,* Inades-Formation Burkina, Ouagadougou, 80 p., (Dépôt légal n° 203-48 mars 2003).

(20) X, s.d. (1982), *Quand les animaux parlaient, Contes africains* (1), [contes recueillis par Marcel Guilhem et François-Xavier Sanon, mis en français fondamental par Ivana Cossar, illustrés par François Veyrié], Bobo-Dioulasso, Service pour l'Alphabétisation, 48 p.

(21) X, s.d. (1982), *Quand les animaux parlaient, Contes africains* (2), [contes recueillis par Marcel Guilhem et François-Xavier Sanon, mis en français fondamental par Ivana Cossar, illustrés par François Veyrié], Bobo-Dioulasso, Service pour l'Alphabétisation, 44 p.

(22) Youl Lucie et Tall Douro, 1999, *Education civique et morale cours élémentaire* (Burkina Faso), Ouagadougou, 116 p.

(23) Zongo Lézin Didier, Napon Salif Ousséni, Koulsy Lamko Henri, Barro Mamadou, Ilboudo Clémentine, Hien Ansomwin Ignace, Ilboudo Johanna, Kaboré Roger Bila, 1994, *La mendiante et 9 autres nouvelles,* Editions La Muse, Ouagadougou, 216 p.

Bande dessinée

(24) Ren-Lac, scénario de Noraogo Sawadogo, *Kouka,* Bande dessinée pour enfants, n° 3, illustré par Anatole Kiba, Ouagadougou, imprimé par FGZ-Trading, 16 p. (y compris la couverture).

Conclusion

On peut dire que la littérature de l'enfance et de la jeunesse est en émergence au Burkina Faso malgré les conditions difficiles de l'édition. Il faut espérer que des initiatives se déploient pour renforcer et améliorer ses conditions de production. La recherche menée par l'équipe pluridisciplinaire permettra de mettre en place un potentiel de textes critiques qui pourront servir à l'enseignement et la valorisation de cette littérature.

■ Alain Joseph SISSAO
Chargé de Recherche
Institut des Sciences des sociétés (INSS)
Centre National de la Recherche Scientifique et Technologique (CNRST)

PASSAGE D'UN CONTE D'UNE LANGUE À UNE AUTRE ET PROBLÉMATIQUE DE SA CHARGE ÉDUCATIVE

Le conte bilingue français/arabe de Moussa Konaté, *Le caïman, le chasseur et le lièvre*[1], est connu des enfants de nombreuses communautés linguistiques du Burkina Faso. Aussi, me suis-je intéressé à son origine. Pour

[1] In "Pile ou face… *Le caïman, le chasseur et le lièvre.* Conte Burkinabé. Collection "grain de sésame". Alyssa-Juniors - Poche. Sidi Bou Saïd. Tunisie.
[Synthèse des contes
Un caïman est allé en brousse pour se trouver à manger. N'ayant rien trouvé à se mettre sous la dent et exténué, il ne peut rejoindre son logis. C'est alors que vient à passer l'homme à qui il demande de lui porter secours. L'homme le transporte jusque dans les profondeurs du marigot. Comme récompense Caïman décide de le manger. Avant d'être mangé, l'homme demande un procès que lui accorde Caïman. Les membres du jury furent dans le conte peul la vache, l'âne, le lièvre et dans le conte burkinabé, certes la vache et le lièvre mais aussi le cheval. Dans l'un comme dans l'autre, les animaux habitant avec l'homme au village se liguent contre lui. Il faut alors la ruse et l'impartialité du lièvre, habitant de la brousse, pour libérer l'homme des dents du caïman qui est reconduit loin, hors du marigot. Dans le conte peul, l'histoire se termine en rappelant qu'au cas où l'on n'arriverait pas à remercier son bienfaiteur, il ne faut pas lui faire de mal. Dans le conte burkinabé, il est plutôt dit que si quelqu'un est monté sur un arbre, il ne doit pas oublier celui qui lui a fait la courte échelle.]

cela, j'ai proposé un questionnaire[2] à des élèves d'ethnies différentes. Au dépouillement, il s'est dégagé qu'ils ignorent l'appartenance ethnique du conte, pensant tous qu'il relève de leur culture. Par ailleurs, j'ai recueilli une version peule du conte auprès de trois élèves peuls. Leur version s'est avérée être sensiblement identique aux autres. J'en ai donc fait une synthèse considérée comme la version peule que j'appellerai ici "conte peul" pour la commodité de l'étude. J'ai ensuite croisé sa traduction en français avec le conte de Moussa Konaté, mon objectif étant de savoir si un conte écrit en français véhicule les mêmes valeurs éducatives, au même degré, que le conte en peul. Pour atteindre l'objectif, il a été question du passage du conte d'une langue source à une langue cible, de la fidélité en traduction et enfin, de la charge éducative des contes.

Le passage du conte de la langue source à la langue cible

Le *conte peul* et celui de Moussa Konaté sont tous deux d'origine incertaine. Il n'est pas exclu qu'il s'agisse de variantes d'un même conte d'une des nombreuses communautés linguistiques d'Afrique. Et dans ce cas, pourrait-on parler de traduction ? S'il y a un "original", lequel serait à retenir ? Sans doute devrons-nous dans l'avenir approfondir la question des variantes de ce conte telles qu'elles circulent au Burkina Faso.

A partir de ces questions, et au vu de l'état de nos connaissances, s'intéresser à la charge éducative des contes sur le plan comparatif, c'est considérer l'angle de la traduction tout en se refusant de poser le problème en terme de "fidélité". La traduction est d'ailleurs considérée ici comme "n'étant rien d'autre qu'une rédaction en langue cible", pour extrapoler Pierre Lérat[3].

En somme, nous pouvons considérer synchroniquement les deux contes dont la présence est affirmée aujourd'hui au Burkina Faso comme étant tout simplement des versions au statut identique pour les enfants qui en prennent connaissance, sauf à aller plus avant dans notre connaissance du monde peul pour percevoir des nuances dans l'appréhension de l'une ou l'autre version. C'est alors que devrait se poser autrement la question de la fidélité de la traduction du conte.

Traduction avec ou sans "fidélisme"

L'utilité pédagogique du conte fait que certains d'entre eux traversent les communautés linguistiques qui les ont créés pour se retrouver dans

[2] Il s'agit d'un questionnaire comprenant trois questions : *Question n° 1* : Connais-tu un conte qui relate l'histoire du lièvre qui aurait aidé l'homme à se libérer de la gueule d'un caïman ? *Question n° 2* : As-tu lu le conte dans un livre ou te l'a t-on raconté ? *Question n° 3* : Selon toi, de quel groupe linguistique est le conte ?

[3] Lérat, Pierre "Intégrer la terminologie à la rédaction technique" in *Quand et Comment intégrer la terminologie à un enseignement en langues,* 1990.

beaucoup d'autres. Dans le contexte burkinabé, le français, médium d'enseignement à l'école primaire, aide à cela. C'est le cas de plusieurs contes racontés dans une langue africaine et repris en français écrit pour les enfants scolarisés. Le conte subit alors des modifications, mais dans certains cas, la copie est proche de l'original. La fidélité est observée nonobstant les nombreuses contraintes auxquelles sont soumises les traductions. Et c'est totalement le cas avec le *conte peul* et celui de Moussa Konaté où, sur le double plan lexical et culturel, l'écart n'est pas trop grand.

L'écart actanciel entre les deux contes

Le *conte peul* et celui de Moussa Konaté connaissent un écart linguistique au niveau lexico-sémantique. Les actants principaux sont, dans le conte peul, la vache, l'âne, le caïman, l'homme et le lièvre. Dans le conte de Moussa Konaté, ce sont la vache, le lièvre, le chasseur, le caïman et le cheval. A la zone de convergence, s'inscrivent donc le caïman, le lièvre, la vache et l'homme (ou le chasseur).

L'ensemble des actants des contes peuvent être répartis en deux groupes : ceux de la brousse et ceux du village. Sur le plan lexico-sémantique, les acteurs des deux groupes présentent pratiquement les mêmes caractéristiques. En effet, il s'agit d'un face à face entre un habitant du village (homme, chasseur) et un habitant de la brousse (caïman). En outre, ceux qui vivent avec l'homme au village et sont donc censés l'assister en cas de besoin (vache, âne, cheval) sont ceux-là même qui lui veulent du mal. Par contre, le lièvre, lui aussi vivant en brousse et donc a priori plus proche du caïman, refuse d'être injuste en supportant ce dernier. Mieux encore, il rend justice à l'homme, l'habitant du village.

Les deux contes utilisent le même fond lexical : des animaux domestiques et des animaux sauvages d'une part, des voisins s'opposant à leurs voisins d'autre part (les animaux domestiques se rangent du côté du caïman alors que le lièvre rend justice à l'homme).

L'écart culturel et son interprétation

Du point de vue culturel, il est constamment affirmé à l'enfant, en Afrique, que le voisin est son premier parent. Pourtant, à travers ces contes, on apprend subtilement à l'enfant que l'affirmation n'est pas toujours vraie. Mais les acteurs choisis (âne, vache, cheval) conviennent-ils au monde culturel du petit enfant peul ?

L'âne

Dans le *conte peul,* l'âne est reconnu comme une bête de somme. Il endure les plus grosses peines sans rechigner. Malgré son rôle très important dans les activités familiales, l'âne ne jouit point de prestige chez les peuls. Très rarement soigné, il n'y est jamais intégré. Quoi donc de plus normal qu'il ne soit pas reconnaissant à l'homme et qu'il encourage Caïman à manger ce dernier ! Même si l'enfant peul devait s'en prendre à l'âne pour sa méchanceté envers l'homme, son maître, il n'en demeure pas moins que l'âne a des circonstances atténuantes.

Le cheval

Le conte de Moussa Konaté ne fait pas cas de l'âne. En lieu et place, il est question du cheval qui est généralement un animal noble dans tout le Burkina Faso. Ceux qui l'ont y tiennent comme à la prunelle de leurs yeux. Aussi, sa méchanceté envers l'homme ne saurait-elle s'expliquer aux yeux du petit enfant peul. L'homme lui-même ne s'occupe-t-il plus des vieilles personnes plus que d'autres ? Et le cheval ne fait pas exception quand il devient vieux.

La vache

La vache se retrouve comme acteur dans chacun des deux contes. Le peul lui consacre généralement toute sa vie. La vache n'est donc jamais abandonnée. Elle fait corps avec le petit peul. Pourquoi alors dans chacun des deux contes la vache se plaint-elle ? Il s'ensuit que sur le plan culturel qui est le sien, le petit peul dira que la vache est un animal ingrat, lui qui l'avait toujours considéré comme une "presque sœur".

Le caïman

D'une façon générale, il est rarement fait cas du caïman dans l'univers culturel peul. Toutefois, il est toujours appréhendé sous l'angle de la méchanceté.

Le lièvre

Au Burkina Faso, les principaux acteurs des contes sont le lièvre et l'hyène. Partout où l'on retrouve le lièvre, il sort triomphant des défis. Véritable incarnation de l'intelligence et de la ruse, il a plus d'un tour dans son sac et ne tombe jamais dans les pièges qu'on lui tend. En permettant à l'homme, dans chacun des deux contes, de se libérer des crocs du caïman par sa ruse, il reste le même lièvre qu'ont toujours connu les petits peuls du Burkina Faso à travers les contes.

La charge éducative du conte

Les contes, oraux ou écrits, sont exprimés dans un langage simple. Le conteur semble toujours conscient du fait que

> quel que soit le message, il n'en est jamais reçu par le destinataire que ce que lui permettent d'accepter les limites qui sont les siennes[4].

[4] Jean-René Ladmiral, 1999, p. 42

Puisqu'ici le récepteur du conte est l'enfant, il faut tenir compte de son univers culturel et de ses compétences linguistiques. Les deux contes étudiés s'inscrivent parfaitement dans cette logique. C'est pourquoi ils sont chargés des mêmes valeurs éducatives qui se regroupent en trois points.

1re valeur : *L'enfant doit savoir que les ennemis se trouvent également dans la famille.* En effet, dans le conte peul, la vieille vache déclare que l'homme était un bon repas et qu'il ne fallait pas s'en passer. Dans le conte de Moussa Konaté, elle affirme également que le bien se rend par le mal. Et pourtant ! L'homme et la vache n'ont-ils pas toujours été ensemble ? Le conte amène peut-être subtilement l'enfant à considérer que sur la terre, tout n'est pas "tout blanc ou tout noir", comme on le dit parfois.

2e valeur : *L'impartialité se retrouve plus chez des gens que l'on connaît le moins.* Ainsi, l'âne, le cheval, la vache qui sont tous habitants de village, comme l'homme, ont tous donné raison au caïman qui voulait manger ce dernier. Par contre le lièvre, habitant de la brousse, et donc ayant moins à se frotter à l'homme que les autres, lui, a été impartial.

Le conte amène là encore l'enfant à s'ouvrir au monde extérieur : l'Autre, le lointain, est aussi un être qui peut nous comprendre et de ce fait nous être sympathique.

3e valeur : *La méchanceté est toujours punie.* En effet le caïman a pu regagner la rivière grâce à l'homme qui a eu pitié de lui. Mais comme il s'est montré méchant envers ce dernier, il s'est de nouveau retrouvé à la case départ et bien ligoté dans le conte peul. Pire, dans le conte de Moussa Konaté, il finira dans les marmites de l'homme.

En somme, chacun des deux contes est chargé des trois principales valeurs éducatives ci-dessus. L'écart linguistique et culturel entre le peul et le français n'a en rien altéré la charge éducative des contes. Mieux, c'est un véritable enrichissement pour les petits élèves dont les univers sociaux et les langues maternelles sont parfois si différentes.

Conclusion

Les nombreuses langues du Burkina Faso sont une richesse pour les enfants de par la diversité des contes qu'elles leur offrent. Et cette richesse serait mieux partagée encore si chacun des plus beaux contes d'un groupe linguistique donné passait dans un autre groupe par le truchement de l'écrit. Tout le problème sera alors de savoir si le passage d'un conte d'une langue à une autre ne le déchargera pas d'une partie des valeurs éducatives qu'il véhicule.

La réponse amorcée ici à partir de deux versions du conte étudié tendrait à prouver que la charge éducative de celui-ci a effectivement résisté au passage d'une langue à l'autre. Nous pourrions ainsi convenir avec

Fawizi Hobeiche, que la traduction est moyen d'unité de la diversité (...), point de rencontre entre les peuples[5].

Et faire notre cette position de Louis Pouzet :

Il faut en cela encourager la traduction des contes d'une langue vers une autre car en dépit des différences et écarts linguistiques entre certaines langues, ceux-ci acceptés et maintenus comme tels (...), loin d'être un obstacle, ou plutôt tout en le restant, peuvent se changer en une chance et en un enrichissement mutuel[6].

■ Issa DIALO

Bibliographie

Fawizi Hobeiche, 1999, "Multiplicité culturelle", in *Traduction : Approches et théories,* Collection " Sources-cibles". Ecole de Traduction et d'Interprètes de Beyrouth, Beyrouth, Liban, pp. XV-XVII.

Moussa Konaté, 1999, *Le caïman, le chasseur et le lièvre.* Conte Burkinabé. Collection "grain de sésame". Alyssa-Juniors – Poche. Sidi Bou Saïd. Tunisie

Jean-Réné Ladmiral, 1999, "Approches en théories de la traduction", in *Traduction : Approches et théories,* Collection "Sources-cibles". Ecole de Traduction et d'Interprètes de Beyrouth, Beyrouth, Liban, pp. 11-47

Lérat, Pierre "Intégrer la terminologie à la rédaction technique" in *Quand et Comment intégrer la terminologie à un enseignement en langues,* 1990.

Richard Patry, 2001, "La traduction du vocabulaire anglais francisé dans l'œuvre de Jacques Ferron : une impossible épreuve de l'étranger", in *META,* Vol. 46, n°3, Presses de l'Université de Montréal, pp. 449-626.

Louis Pouzet, 1999, "L'écart linguistique en traduction : obstacle ou chance ? Le cas de la traduction arabe – français", in *Traduction : Approches et théories,* Collection "Sources-cibles". Ecole de Traduction et d'Interprètes de Beyrouth, Beyrouth, Liban, pp. 453-460.

Ruelland Suzanne, 1980, "Traduire la littérature orale africaine", in le *Français moderne,* CILF, Hachette, Paris, pp. 307-318.

Ruelland Suzanne, 1981, "De l'oral à l'écriture. Analyse d'une transcription de conte par un locuteur de la langue", in *Itinérances... en pays Peul et Ailleurs,* Mémoire de la Société des Africanistes, Vol. II, Paris, pp. 137-162.

[5] Fawizi Hobeiche, 1999, p. XV.

[6] Louis Pouzet, 1999, p. 456.

L'ENFANT ET LE CONTE DIOULA

Dans ce texte, nous étudions la relation entre l'enfant et le conte en milieu dioula. D'une manière spécifique, nous étudions la relation d'interaction où le conte participe à la construction de l'enfant et examinons comment l'enfant est présenté à travers le conte. Comment à travers la fiction du conte, la société essaie-t-elle d'enseigner ses valeurs, ses craintes, ses espoirs ainsi que ses préoccupations à ses enfants.

Nous sommes partis de l'hypothèse selon laquelle le conte est en relation de miroir avec la société. On y perçoit donc la société dans toute sa complexité, ses craintes, mais aussi ses valeurs, ses fantasmes et surtout ses aspirations. Comme l'écrit[1] Suzy Platel,

> S'il est suffisamment important, le corpus de contes d'une société donnée peut être considéré comme un discours particulier qui nous informe à la fois sur cette société – ses habitudes, ses croyances, ses fantasmes et ses tensions –, sur ce qu'elle se veut être, au travers du message que transmettent les contes qu'elle a élaborés pour transmettre ce message.

Le présent travail est basé sur l'analyse de contes recueillis par nous en dioula au Burkina Faso. Ils sont collectés lors de racontages destinés à un public dioulaphone afin de restituer au plus près l'univers linguistique hétéroclite d'un dialecte ouvert. Nos conteurs sont des tous les âges et de toutes catégories socioprofessionnelles.

I. Le thème de l'enfant à travers le conte en dioula

L'univers dioula est marqué par l'éducation religieuse musulmane des savanes africaines. Le conte dioula traite de l'éducation des enfants en présentant les principaux acteurs que sont les parents, la société, mais aussi le maître coranique, le plus souvent associé au personnage du marabout. Tout commence en général par le thème de la maternité qui est le premier stade de l'apparition de l'enfant dans cet univers. L'accent est généralement porté, à ce niveau, sur le désir d'avoir un enfant associé à de nombreuses consultations préalables, suivies de sacrifices, de promesses à des divinités, de sorcelleries…

Ensuite viendra la naissance, avec les rites d'accueil, le rôle des parents, les pratiques ancestrales ainsi que l'attachement à la mère. Chez les Dioula, on considère que la mère est la personne la plus disponible pour son enfant et celle qui l'aime le plus au monde. Cette relation est symbolisée par le sein maternel qui, après la rupture du cordon ombilical, reste le lien indestructible entre ces deux êtres. D'ailleurs le lien entre descendants d'une même mère est considéré non pas comme un lien de sang mais comme "un lien de partage de sein".

[1] Platiel S. (1986 : 149)

Chez les Dioula comme chez nombre de populations africaines, le conte ne se raconte que la nuit et d'aucuns y voient l'acte symbolique de la maternité. Comme l'explique Geneviève Calame-Griaule :

> Raconter de nuit, c'est aider le jour à succéder à la nuit et en même temps c'est une sorte de naissance ; faire sortir la clarté de l'obscurité, c'est comme mettre au monde un enfant qui passe de l'obscurité du sein maternel à la clarté du jour.

L'évocation du thème de l'enfant dans le conte prend ensuite en compte d'autres thèmes de la vie comme l'éducation, le comportement, le courage, la bravoure, le respect.

II. L'enfant dioula à l'école du conte

Les fonctions sociales les plus souvent évoquées à propos du conte sont l'initiation, l'éducation et la distraction.

Le conte, qui ne se déroule que dans un certain cadre social, cherche d'abord à distraire. Chez les Dioula, cette fonction de socialisation des individus prend la forme de veillées de contes. L'enfant qui participe aux veillées de conte doit également conter à son tour et savoir écouter son interlocuteur. Il s'agit d'une véritable école de communication sociale.

Du point de vue de son contenu, le conte, malgré son caractère fictif, essaie de coller à la réalité. S'il fait souvent voyager l'individu à travers un univers merveilleux sans repère géographique ni date, remarquons pourtant que les conteurs tentent toujours de ramener l'auditoire sur terre. Ainsi le voyage des animaux qui vont voir Dieu dans le ciel se termine toujours sur le plancher des vaches. Par conséquent, il fait comprendre que l'homme a beau s'élever, il retrouvera son univers fait d'angoisses et de conflits, la famille polygame avec ses nombreux enfants et ses multiples querelles entre coépouses, les complots, les intrigues, la maladie, la mort...

Dans le conte dioula, un fort accent est mis sur l'éducation morale, la bonne conduite face aux difficultés de ce monde. L'enfant est généralement soumis à de nombreuses épreuves dont la plus difficile est la perte de la mère. Il devra se battre avec moins de soutien et surtout contre l'hostilité de la méchante belle-mère. Et comme le bien finit toujours par triompher, le conte dioula célèbre l'exemple de l'enfant combatif et juste.

Ainsi, le but de ces récits est de provoquer chez les enfants auditeurs de bons sentiments et une bonne conduite. De ce point de vue, le conte dioula apparaît comme l'école où l'enseignement moral est permanent et où le modèle social est toujours rappelé. Le conteur est un véritable pédagogue au service des enfants à qui il passe le message social ainsi que les valeurs morales auxquelles la société aspire. Il prend en compte les dynamiques sociales ainsi que les éléments de crise des sociétés modernes, même si le tout est situé dans le passé.

La maîtrise de la langue dioula est également l'un des objectifs du conte. Ainsi peut-on noter au cours des veillées, le recours à des règles d'énonciation rigoureuses, comme une censure des néologismes par emprunt. Les séances de contes apparaissent comme des moments au cours desquels le lexique authentique est enseigné aux auditeurs. Il s'agit le plus souvent de contes dans lesquels il y a très peu de mots tirés du vocabulaire français alors que le discours quotidien en langue nationale dioula est parsemée d'emprunts à diverses langues. Cet effort de rigueur est profitable à la langue dioula dont les enfants redécouvrent toute la richesse, à travers ses particularités.

Les variétés dialectales sont également enseignées à travers le lexique. Ainsi, le conteur rappelle souvent les différences sémasiologiques (variété de signifiés) ou onomasiologiques (variétés de signifiants) qui peuvent exister, de sorte que l'enfant découvre que non seulement il n'est pas le seul locuteur de la langue mais que sa langue est parlée ailleurs sous d'autres formes dialectales. Du coup, le conte lui apparaît comme un voyage linguistique à travers sa langue. Ecole du “politiquement correct”, le conte enseigne aussi les normes de la langue et les formes d'expression appropriées.

En conclusion, nous pouvons dire que le conte est un trésor de l'univers dioula où l'élément le plus important est l'enfant. Personnage principal du conte, l'enfant bénéficie d'une image soignée et différenciée, mais toujours positive. Même dans les situations les plus périlleuses, il s'en sort et le plus souvent, plus fort qu'avant.

Lieu de célébration de l'enfant, le conte est en même temps espace d'éducation, de formation aux tâches quotidiennes, aux bonnes mœurs ainsi qu'initiation aux valeurs sociales. Loin d'être simple espace de divertissement comme aujourd'hui les contes populaires européens, le conte dioula est un centre de formation continue, un espace de veille communautaire. Se fondant sur le passé pour expliquer le présent et se projeter dans l'avenir, le conte dioula est pour l'enfant une mine riche en enseignements avec des techniques adaptées à ses besoins et à son niveau de compréhension.

Le conte dioula est enfin le lieu d'un combat pour les défenseurs d'une langue authentique, débarrassée du maximum d'emprunts. De ce point de vue, le conte travaille à réconcilier la communauté avec ses valeurs ancestrales, son identité, son patrimoine.

■ Mamadou Lamine SANOGO
INSS-CNRST Ouagadougou

Références bibliographiques

Cauvin J. 1991, *La parole traditionnelle,* Coll. les classiques africains, Saint Paul, Paris, 87 p.

Delafosse M., 1929 et 1955, *La langue mandingue et ses dialectes* (malinké, bambara, dioula), Librairie Orientaliste Paul Geuthner, Paris, 489 p.

Delafosse M. 1972, *Le haut Sénégal, Niger, le pays, les peuples, les langues* (rééd.) Maisonneuve & Larose, 428 p, Tome 1.

Derive M.J. 1977, "Table ronde sur les origines de Kong" (1, 2 et 3 novembre à Kong), Université nationale de Côte-d'Ivoire, *annales de l'université d'abidjan,* série J, tome I tradition orale, 504 p.

Dumestre G. 1983, "Note à propos des termes bambara empruntés à l'arabe" dans *Langue Arabe et Langues africaines,* publication de l'Institut des langues et civilisations orientales, Conseil National de la Langue Française, pp. 13-21.

Monteil C., 1924, *Les bambara de Ségou et du Kaarta* (1924), étude historique, ethnographique et littéraire d'un peuple du peuplade au Soudan français, Paris, Maisonneuve et Larose, 440 p.

Monteil E., 1886, *Grammaire de la langue Bambara,* Saint Joseph de Ngasobil. 1886.

Niane D.T., 1960, *Soundiata ou l'épopée mandingue,* Présence africaine, 153 p.

Platiel S., 1986, *L'enfant, sujet et objet du conte,* multigr.

Sanogo M.L., 1999, *Toro koro,* Unesco, Ouagadougou

2001, *Dugamasa,* Mother tongue edition, Boston, USA

2001, *Subakelen ani sukelen,* Mother tongue edition, Boston, USA

Note sur l'édition de la littérature de jeunesse au Burkina Faso

Cette note repose sur l'examen des dix-sept titres qui étaient disponibles en librairie au Burkina Faso (Ouagadougou et Bobo-Dioulasso) au début du mois de décembre 2004.

Certains titres ou sous-titres indiquent clairement qu'ils s'adressent aux enfants (5 titres). Dans d'autres cas, la collection dans laquelle ils figurent est spécialement destinée aux enfants (4 titres). Pour les autres (8 titres), on peut penser, d'après leur format et leur contenu, qu'ils peuvent convenir aux enfants ou aux jeunes lecteurs, sans exclure un lectorat adulte.

Dix des volumes répertoriés ressortissent au genre "conte", cinq au genre "nouvelle", un au genre "poésie" et un à la bande dessinée. Deux des volumes recensés sont bilingues (français/arabe, et français/*moore*).

Il est important que chaque livre puisse être aisément identifié et que sa présentation réponde à des normes minimales (faux-titre, numéro d'ISBN, date d'édition, nom(s) d'auteur(s), titre et sous-titre éventuel, nom(s) d'éditeur(s) et lieu(x) d'édition). Deux sur treize des ouvrages réalisés au Burkina s'approchent de ces exigences de base, mais aucun ne les satisfait entièrement. Les formats des livres sont trop divers et la dimension des marges est parfois insuffisante. La densité des pages est aussi très variable et le nombre de signes par page varie entre 300 et 2 800.

Les prix de vente s'échelonnent entre 250 francs CFA (0,38 euros) et 8 950 francs CFA (13,64 euros). Le prix du livre par page s'échelonne entre 5,20 et 62,50 francs CFA. Les ouvrages fabriqués à l'étranger se retrouvent dans le peloton de tête pour le coût par page.

L'offre de littérature nationale destinée à la jeunesse n'est pas négligeable, mais elle souffre principalement de l'absence de véritables professionnels du livre, que dénotent le non-respect des normes minimales de présentation d'un ouvrage ainsi que l'abondance des fautes de grammaire et des fautes typographiques qu'on y relève souvent. Les éditeurs sont aussi rares : ils naissent et meurent rapidement, en fonction des soutiens institutionnels extérieurs ponctuels qu'ils reçoivent.

Au Burkina Faso, le livre est toujours considéré comme un produit de luxe et il demeure inaccessible au plus grand nombre, et l'école, peut-être trop focalisée sur les programmes, n'a pas su créer un lectorat populaire.

D'un point de vue matériel, on constate que le mode d'assemblage le plus répandu, l'agrafage, limite le nombre de feuillets possible et ne permet pas de faire de véritables livres. La qualité du papier utilisé est bonne. En revanche, l'illustration, quand il y en a, est généralement de piètre qualité et ressemble à de mauvais dessins d'enfants effectués par des adultes. Du point de vue des genres représentés, conte ou nouvelle (baptisée "roman" par les auteurs), l'intention d'édification est manifeste. Il reste à développer une littérature peut-être plus ludique, susceptible de gagner un lectorat qui n'a pas forcément envie de lire uniquement des ouvrages à visée moralisatrice. La création de collections est certainement une bonne façon de fidéliser un lectorat et de gagner en visibilité dans les librairies.

Il apparaît clairement qu'une politique de soutien massif de la "Francophonie" à l'édition du livre de jeunesse (et du livre en général) doit être poursuivie de manière durable. Ce soutien doit inclure la formation de professionnels du livre, les imprimeurs se trouvant déjà sur place, et l'aide à la création d'une véritable maison d'édition. Cela permettrait de produire localement des livres de meilleure qualité, qui pourraient prétendre accéder aux marchés des pays voisins, et, pourquoi pas, aux marchés du Nord. Sur un autre plan, les livres fabriqués au Nord devraient pouvoir être disponibles plus facilement, la question du coût du transport annulant tous les efforts que les éditeurs du Nord peuvent consentir pour réduire leurs prix à destination du Sud.

■ Henry Tourneux
CNRS (Villejuif) / IRD (Maroua)

Responsable
Pierre Halen

Comptes rendus

- Ouvrages généraux
- Littératures orales
- Afrique noire francophone
- Afrique noire anglophone
- Afrique du nord
- Amériques

Ouvrages généraux

■ **ARNDT SUSAN, BERNDT KATRIN, HRSG., *KREATIVES AFRIKA. SCHRIFTSTELLERINNEN ÜBER LITERATUR, THEATER UND GESELLSCHAFT. EINE FESTSCHRIFT FÜR ECKHART BREITINGER.* WUPPERTAL, PETER HAMMER VERLAG, 2005, 522 P. – ISBN 3-7795-0028-0.**

Avec *Kreatives Afrika. SchriftstellerInnen über Literatur, Theater und Gesellschaft,* un hommage à Eckhart Breitinger à l'occasion de son 65e anniversaire, Susan Arndt et Katrin Berndt nous présentent un recueil captivant. Le titre, que l'on pourrait traduire par *L'Afrique créative. Des écrivain/e/s sur la littérature, le théâtre et la société,* annonce le fil conducteur de l'ouvrage : il s'agit d'interroger le rôle de la littérature, du théâtre et des artistes dans les processus politiques et sociaux. Pour cela, les éditrices ont réuni des articles proposés par des écrivains originaires de pays africains ; face à l'engagement continuel d'Eckhart Breitinger en vue de sortir les littératures africaines en Allemagne de la marginalité, elles ont également donné la parole à des éditeurs et publicistes allemands qui œuvrent pour le même but. Enfin, chacune des contributions est précédée par une courte présentation de l'auteur, signée par des collègues, amis ou étudiants de Breitinger.

L'ouvrage s'ouvre sur un prologue des éditrices suivi d'un article de Susan Arndt, qui situe la réception des littératures africaines en Allemagne aujourd'hui dans le contexte plus large de l'histoire coloniale et post-coloniale (ou postcoloniale, sans trait d'union). Arndt retrace ainsi le développement des études africanistes en Allemagne de l'Est et de l'Ouest, et rappelle le rôle essentiel joué par Eckhart Breitinger dès les années soixante-dix dans l'étude et la promotion des littératures africaines.

Les contributions se divisent en quatre parties. La première partie a comme sujet les rapports entre l'histoire et la culture, plus particulièrement les développements historiques de la littérature et du théâtre africains. A l'exemple du théâtre nigérian et de la montée du phénomène de la Home Video, Femi Osofisan s'interroge pour savoir si, face à la misère économique et politique, le théâtre africain est en train de mourir. Après une approche comparative de l'évolution du théâtre francophone et anglophone en Afrique, Sélom Komlan Gbanou se concentre lui aussi sur la production théâtrale nigériane. Puis, les articles de Temple Hauptfleisch et de Zakes Mda traitent du théâtre sud-africain ; Said A. M. Khamis se tourne vers le roman swahili qu'il étudie dans le contexte des changements politiques de la région. Les contextes politiques et socio-économiques africains se trouvent également au centre de l'article de Lewis Nkosi, qui analyse la naissance de l'université africaine.

La seconde partie de l'ouvrage se voit elle aussi majoritairement dédiée au théâtre, plus précisément au "Theatre for Development". A travers l'analyse de certains ateliers organisés au Cameroun, Bole Butake insiste sur le théâtre populaire en tant que moyen d'une prise de conscience qui serait la condition préalable de tout théâtre pour le développement. Avant d'étudier lui aussi des exemples concrets, David Kerr discute des théories concernant la construction du savoir en Afrique, et du rôle que jouent les représentations artistiques dans la transmission du savoir. De son côté, Emman Frank Idoko analyse le théâtre pour le développement et le jeu de rôles dans le contexte des stratégies pour la réforme des prisons. La seconde partie se clôt avec l'exemple encourageant d'un projet en Tanzanie où le théâtre s'est révélé un moyen efficace dans la lutte contre le VIH parmi des lycéennes.

Comme le signale son titre, “L'art et la société : écrire et filmer pour faire bouger”, la troisième partie de *Kreatives Afrika* attire l'attention sur les objectifs de la création artistique. A travers les exemples opposés de Ferdinand Oyono et de Mongo Beti, Ambroise Kom dépeint la scène culturelle camerounaise contemporaine, tout en soulignant l'importance du travail fait par Eckhart Breitinger dans la promotion des cultures africaines. Puis, Susan Kiguli présente l'association des écrivaines ougandaises, Femrite, et s'interroge sur le rôle de l'écrivaine dans le pays. Dans un texte très personnel, Goretti Kyomuhendo retrace son propre parcours et réfléchit au fait d'écrire en tant que femme. Parmi les quatre contributions restant de cette troisième partie, trois se concentrent sur des exemples précis : Omofolabo Ajayi-Soyinka étudie le succès de Àrélu, une pièce de théâtre télévisée, au Nigéria ; Karim Traoré analyse le film Yaaba dans le contexte des mythes ; Babila Mutia porte un nouveau regard sur la figure de "Teacher" dans The Beautiful Ones Are Not Yet Born. De sa part, Ezenwa-Ohaeto s'interroge sur le fait d'"écrire sur la littérature, l'environnement et le suicide".

La quatrième partie de l'ouvrage est consacrée aux rencontres littéraires et politiques entre l'Afrique et l'Europe. On y trouve la contribution de Nuruddin Farah, qui dépeint le Tamarind Market de Mogadiscio comme symbole cosmopolite, ou celle de Patrice Nganang, qui réfléchit à propos de "l'écriture sans la France". Si János Riesz analyse l'importance des images, images visuelles aussi bien que représentations mentales, pour les études africanistes, Peter Ripken propose une réflexion sur la présence des littératures africaines en Afrique et en Europe. Puis, Leo Kreutzer analyse le rapport particulier du public allemand à l'histoire coloniale et à la littérature africaine et Joachim Fiebach discute des ouvrages de Soyinka, tandis qu'Hermann Schulz relate ses expériences personnelles avec le thème des relations entre l'Afrique et le public allemand. A travers des interviews avec des créateurs artistiques africains vivant en Australie, Ulli et Georgina Beier présentent eux aussi un document très personnel. L'ouvrage se clôt sur les réflexions que Sénouvo Agbota Zinsou porte sur la littérature et la politique internationale contemporaine.

Kreatives Afrika se révèle alors comme un ouvrage très varié et d'une actualité frappante. On regrette l'absence de représentants de l'espace lusophone et la moindre présence des femmes parmi les auteurs. Mais il ne reste pas moins que la manière extraordinaire dont le recueil situe la création culturelle africaine dans le contexte socio-économique et politique de sa production et réception fait de cet hommage à Eckhart Breitinger une lecture passionnante, pour le grand public aussi bien que pour des spécialistes.

■ Claudia MARTINEK

■ **CHEVRIER** JACQUES, *LE LECTEUR D'AFRIQUES*. PARIS, HONORÉ CHAMPION, BIBLIOTHÈQUE DE LITTÉRATURE GÉNÉRALE ET COMPARÉE N°57, 2005, 600 P. ISBN 2-7453-1192-1.

Chercheur reconnu depuis longtemps dans le domaine des littératures francophones, Jacques Chevrier a contribué de façon importante à l'avancement des connaissances et de la réflexion entourant cette constituante majeure de la littérature mondiale. Il se présente ici comme un "lecteur d'Afriques" en proposant une cinquantaine de communications, articles et textes critiques inédits rédigés entre 1976 et 2003.

Chevrier élabore sa pensée autour de quatre axes principaux : la littérature traditionnelle, les relations entre l'Afrique et l'ancienne métropole européenne, l'Afrique des Africains vue à travers les parcours identitaires, les configurations post-coloniales et l'aventure des écritures, ainsi que la littérature de la diaspora. Malgré le regroupement d'articles liés à des périodes et à des sujets divers, le développement de l'argumentation se caractérise par sa logique. Tout en démontrant une certaine évolution chronologique des littératures africaines, l'auteur se garde de plonger dans les catégorisations et les hiérarchisations habituelles.

A travers cette structure efficace se dessinent certains motifs récurrents : la parole, dont la relation ambiguë avec l'écriture cache souvent leur imbrication culturelle et productive, la notion de regard de l'autre et sur l'autre qui allie à la fois la fascination et le rejet, la culture identitaire qui se répercute dans l'élaboration de figures fictionnelles et dans le statut des écrivains de l'Afrique et de la diaspora, le fonctionnement, la place et les rôles du mythe, et le nécessaire décloisonnement de la réflexion sur les littératures francophones.

La diversité marque plusieurs aspects du livre. D'abord, le corpus est extrêmement varié, allant des œuvres de griots à la littérature contemporaine, en passant par les classiques senghoriens et glissantiens, par exemple, et par les textes d'auteurs moins connus. L'ouvrage dépasse la simple discussion à propos de la richesse de la francophonie littéraire : il agit comme une illustration de cette diversité et des singularités des époques, des espaces et des écrivains. Bien que le roman soit privilégié dans plusieurs articles, les autres genres y trouvent aussi leur place. Tout au long de *Lecteur d'Afriques,* les réflexions générales se combinent aux analyses textuelles particulières et aux comparaisons d'œuvres et d'ensembles nationaux.

Si plusieurs textes s'articulent autour d'un même mode d'écriture, soit l'énonciation systématique d'éléments de preuve et l'interprétation amenant l'auteur à réaffirmer son hypothèse de départ, l'ouvrage global est intéressant de bout en bout. Au contraire, que le lecteur consulte le texte à la recherche d'une analyse précise ou encore qu'il le feuillette dans le but de se forger une idée d'ensemble du domaine francophone et de la vision développée par Jacques Chevrier, l'intérêt demeure d'un article à l'autre à cause de la diversité et de la pertinence des sujets abordés et des conclusions émises.

Au-delà de la richesse culturelle et créatrice des littératures africaines en français, le lecteur retient deux éléments principaux de son cheminement intellectuel aux côtés de Jacques Chevrier : l'engagement entier du chercheur envers les littératures africaines passées et contemporaines et la nécessité de poursuivre la recherche à propos de ce champ afin que les outils d'appréhension deviennent aussi diversifiés que l'objet d'étude.

■ Nathalie COURCY

■ OUEDRAOGO JEAN, *MARYSE CONDÉ ET AHMADOU KOUROUMA, GRIOTS DE L'INDICIBLE.* NEW YORK, BERN, BERLIN, BRUXELLES, FRANKFURT A.M., OXFORD, WIEN, PETER LANG, COLL. FRANCOPHONE CULTURES AND LITERATURES, VOL. 43, 2004, IX-180 P., BIBL. – ISBN 0-8204-6758-8.

Si les liens entre les littératures africaine et caribéenne ont fait l'objet de plusieurs analyses spécifiques ou générales, il n'existait pas, du moins à notre connaissance, une étude portant sur la problématique de l'indicible chez Maryse Condé et Ahmadou Kourouma. En ce sens, ce livre de Jean Ouédraogo vient combler un vide, permettant ainsi d'assurer "la continuité du dialogue Afrique-Caraïbe". Constitué de sept chapitres, l'ouvrage en question nous invite à une brève promenade dans le panorama historico-littéraire des Antilles et de l'Afrique, avant d'en arriver à des considérations particulières sur les œuvres des deux "griots de l'indicible".

L'auteur nous fait ainsi découvrir dans le premier chapitre "le portrait des pouvoirs aux ères pré-coloniales et coloniales" (p. 10-37). Arpentant les chemins empruntés par Condé et Kourouma dans leurs œuvres, Ouédraogo s'intéresse, entre autres, à l'écriture de l'histoire et aux concepts de souveraineté, de suzeraineté et de pérennité. Dans l'analyse qu'il opère au sujet de ces pôles d'intérêt, il montre que l'écriture de l'histoire africaine s'effectue chez les deux auteurs par une appréhension critique du réel qui leur permet d'échapper aux pièges et aux illusions africaines d'une vérité historique objective. Ce désir de transcendance justifierait la subversion que Kourouma et Condé mènent contre la vision suzeraine et pérenne des pouvoirs traditionnels pourtant magnifiés par d'illustres devanciers. Leurs œuvres de démystification idéologique recouvrent des convergences thématiques que Ouédraogo continue d'explorer dans le chapitre deux, qui porte justement sur "Deux auteurs, un regard : Condé et Kourouma à la rencontre des indépendances" (p. 55-77). Dans cette partie de l'essai, il examine chez Condé le processus d'effondrement du mythe de la Guinée et celui du panafricanisme, alors qu'il étudie chez Kourouma les mécanismes du désenchantement inspiré par *Le soleil des indépendances* : temps des charognards et de déshonneur qui voit la praxis politique coïncider en Afrique avec la dégénérescence sociale.

Face aux règnes de la bâtardise et de la négativité, Kourouma et Condé deviennent des "maîtres de la parole" soucieux d'exorciser les malédictions existentielles, qui ne s'en laissent pas si aisément conter, ainsi que semble le suggérer le titre du chapitre trois : "Kourouma et Condé : griots de l'indicible" (p. 78-95). Comment donc surmonter définitivement l'apparente impossibilité discursive à laquelle les rudes aspérités de la vie semblent confronter ces deux auteurs ? Le salut ne peut certainement passer que par le pouvoir créateur de l'écriture qui va, en l'occurrence, s'acharner à révéler l'indicible, en violant les contraintes ou les interdits sociaux et toutes les formes de mystifications politiques qui lui sont inhérentes. Le désir d'indépendance qui innerve ce parti pris littéraire s'exprime, selon Ouédraogo, dans une démarche esthétique qui, chez Kourouma comme chez Condé, s'ouvre sur la parole et la figure du griot traditionnel. Mais si cette ouverture fait signe à l'oralité des civilisations mandingues, elle ne signifie guère une soumission lâche du discours des écrivains au service des anciens souverains ou des nouveaux pouvoirs. Pour l'auteur de l'essai, il faut plutôt cerner dans les signes de cette ouverture des figures de liberté en qui l'indicible trouve ses hérauts.

Les chapitres quatre et cinq poursuivent l'exploration de ce thème de l'indicible en tentant de montrer que Condé et Kourouma tiennent des procès idéologiques qui permettent de reconfigurer leurs fictions comme des espaces dramatiques où la vérité et le mensonge se livrent rudement une guerre de légitimité symbolique. A mon avis, ces chapitres constituent les deux maillons faibles dans la structure générale de l'ouvrage, car ils prospèrent sur la base de répétitions liées aux questions coloniales et postcoloniales qui n'exposent pas, en fait, le sujet lecteur à des idées nouvelles. Par ailleurs, le parallélisme littéraire entre les deux auteurs étudiés y semble sinon absent, du moins trop abstrait, et donc peu convaincant à la lecture. Sans doute, cela est-il dû à la facture même de ces chapitres dont le mode d'agencement contraste foncièrement avec celui des parties précédentes.

Heureusement, le ton du livre change relativement avec les deux derniers chapitres-entretiens ; ceux-ci nous permettent, en effet, de prendre la mesure des techniques de création et des structures imaginaires qui sous-tendent la démarche esthétique de Condé et de Kourouma. On sort ainsi de cet essai avec l'impression générale que son auteur apporte une contribution certaine au champ littéraire francophone, qu'il enrichit en élargissant les frontières de nos connaissances sur deux figures majeures de l'histoire littéraire contemporaine.

■ Kanaté DAHOUDA

■ DELBART ANNE-ROSINE, *LES EXILÉS DU LANGAGE. UN SIÈCLE D'ÉCRIVAINS VENUS D'AILLEURS (1919-2000)*. PRESSES UNIVERSITAIRES DE LIMOGES, COLL. FRANCOPHONIES, 2005, 262 P., BIBL., INDEX. ISBN : 2-84287-344-0.

Ce livre est la version remaniée de la thèse de doctorat soutenue par l'auteur en 2002 à Limoges. Il observe la situation d'inclusion ou de juxtaposition de la littérature écrite en français par des "auteurs français venus d'ailleurs" (p. 15), "exotiques ou excentrés" (p. 16), dans la littérature française (de France). Elle considère les œuvres présentes dans le champ francophone sans distinction d'origines, cherchant à cerner cet "ailleurs" en elles et à analyser la force d'attraction qu'il exerce sur le lectorat français tout en abolissant les catégorisations associées aux littératures nationales dont la littérature française ne serait qu'un des éléments. "L'étranger se fait créateur d'étrangeté par l'intermédiaire d'univers insolites" (p. 66). Cet objectif conduit l'auteur à reprendre, en les confrontant, les témoignages de ces très nombreux écrivains vivant ce "translinguisme littéraire" (p. 15) afin de parvenir à "structurer la mosaïque" (p. 18). Ne voulant catégoriser les œuvres, elle recense les auteurs en créant une typologie qui expliquerait leur rapport à la langue. Les sédentaires nés en pays francophone d'étrangers peuvent opérer une "assimilation tranquille" (p. 64) ou continuer à vivre entre deux langues. Les autres sédentaires sont "nés sur une terre où le français est une des langues nationales" (p. 75) ou " sur une terre où la langue française s'est exportée" (p. 87) ; il faut aussi compter ceux qui font le choix individuel de la langue. Les autres sont les "nomades" (p. 115), migrants dans leur corps avant de changer de langue sous la contrainte de l'exil, de l'immigration économique, des mutations professionnelles, de la mixité linguistique des parents, répondant à l'attrait d'une personne, d'une ville (Paris, Montréal), d'un maître. Mais on retrouve dans ces fils de migrants les sédentaires du début dans leur situation de plurilinguisme.

L'auteur recueille fidèlement les paroles des écrivains qui justifient leur choix et il est dommage qu'elle n'interroge pas davantage ces arguments qui reprennent le poncif du "génie de la langue" (p. 145) : "l'idée de liberté associée à la France imprégnerait aussi sa langue" (p. 132). De la part d'un réfugié politique, le trait est attendu et sincère mais une analyse théorique d'une telle affirmation est d'autant plus indispensable qu'elle est largement utilisée comme argument de propagande. L'auteur, dans sa volonté d'être exhaustive, affine ses catégories, y classe des centaines de noms et d'œuvres à partir des dictionnaires d'auteurs cités. Le lecteur, étourdi par cette sarabande de noms et de trajectoires personnelles rapidement esquissées, ces caractérisations rapides de deuxième main, a du mal à résister à l'assimilation entre langue française et pays de France, tant le seul public considéré et le seul lieu de publication retenu sont les Français et Paris. L'illustration de la couverture, choquante, symbolise le phénomène étudié par une carte du monde monochrome et terne d'où jaillissent des flèches vers une France tricolore, centrale et... auréolée. Et l'on songe aux slogans de la si grande France impériale, quand les flèches étaient tournées dans l'autre sens.

La dernière partie, brève, offre quelques "balises pour une étude interne" en cherchant les "éléments communs" de cette production, dans leurs énoncés avec la récurrence des motifs du voyage, de la construction du moi, du langage et dans leur énonciation, avec les structures discordantes et l'hybridité. L'index en fin de volume met en évidence la place prépondérante accordée à quelques écrivains, Cioran, Beckett, Bianciotti, Ionesco, Nancy Huston et Julien Green. Cette étude, appuyée sur une très solide bibliographie exclusivement francophone, semble considérer le phénomène comme unique, et amener à penser que la langue française, et la culture qui est véhiculée à travers elle, est la plus belle et la plus attirante du monde puisque la conclusion dessine la configuration d'une "République mondiale des Lettres françaises" (p. 223), certes "plurielle" et supprimant "les foyers et des marges" (p. 224), mais toujours "française". Comme si tous les Francophones avaient aussi fait le choix de la culture et de la vision du monde des Hexagonaux. Un détour par les phénomènes semblables avec d'autres langues aurait permis d'échapper à ce malencontreux implicite. Il reste que cet effort de systématisation, bien qu'irritant et arasant, permet de prendre une certaine distance avec le phénomène, et de revenir aux textes et aux situations culturelles particulières avec des éléments de comparaisons dans le temps et l'espace.

■ Dominique RANAIVOSON

■ DIALLO MOUSTAPHA & GÖTTSCHE DIRK, HGG., *INTERKULTURELLE TEXTUREN. AFRIKA UND DEUTSCHLAND IM REFLEXIONSMEDIUM DER LITERATUR.* BIELEFELD, AISTHESIS VERLAG, 2003, 363 P. – ISBN 3-89528-384-3.

Cet ouvrage rassemble huit contributions autour de la question des "regards croisés" entre l'Allemagne et l'Afrique. L'introduction replace ce travail dans le contexte plus général des relations interculturelles au sein d'un monde globalisé ; elle insiste sur la grande fluidité de la circulation des images de l'autre et sur l'impact des phénomènes de migrations. L'enjeu de l'ouvrage est de mesurer à la fois ce qui persiste des stéréotypes hérités du passé et ce que les conditions nouvelles de production des discours font bouger. Les représentations africaines de l'Allemagne et les représentations allemandes de l'Afrique sont mises en perspective du point de vue de leur développement historique au cours du XXe siècle. La prise en compte de l'arrière plan historique des discours interculturels germano-africains est un des atouts majeurs de cet ouvrage.

La première partie, qui s'intéresse aux représentations africaines de l'Allemagne dans la littérature de l'immigration, comprend deux articles. János Riesz propose une étude comparative entre le récit en français de Pius Ngandu Nkashama, *Vie et mœurs d'un primitif* en Essonne, et les récits des expériences de vie en Allemagne du Rwandais Nsekuye Bizimana et du Nigérian Chima Oji. La perception africaine de l'Allemagne est analysée sur le fond d'une représentation plus large de l'Europe, ce qui permet à J. Riesz de proposer une lecture fine du traitement des stéréotypes plus spécifiques à l'Allemagne. Sonja Lehner présente cinq textes autobiographiques relatant des expériences de vie en Allemagne (Aly Diallo, Amma Darkos, Chima Oji, Thomas Mazimpaka, Miriam Kwalanda) pour montrer comment on est passé d'une critique distanciée des discours allemands sur l'Afrique au cours des années 80 à l'émergence d'un discours interculturel mixte et pluriel.

La deuxième partie, la plus fournie, concerne l'histoire des représentations de l'Afrique dans la littérature allemande du XXe siècle. Sigrid Köhler consacre son article au roman de Claire Goll, *Der Neger Jupiter raubt Europa* (1987) pour montrer comment les mythes classiques de l'altérité informent toujours les représentations de l'Afrique. La question de la saisie de l'altérité oriente également la contribution de Monika Albrecht traitant des écrivains de langue allemande au cours des années 50 (Frisch, Koeppen, Moosdorf, Kaschnitz, Schmidt). L'Afrique n'apparaît que de façon marginale dans ces textes écrits dans une période intermédiaire entre l'exotisme idéologique national-socialiste et le discours tiers-mondiste qui va naître dans les années 60. La littérature prend le relais d'une absence de discours-support. Un important article de Dirk Göttsche propose une vaste synthèse sur la littérature contemporaine de langue allemande et ses rapports à l'Afrique. L'argument de l'article consiste à faire apparaître les modalités de l'entrecroisement au sein de ces textes de la rhétorique exotique classique et des positions ou postures postcoloniales. Cette partie se clôt par une contribution de Joseph Gomsu, consacrée au livre de l'écrivain-voyageur Klaus Kreimeier (1985), analysé comme une tentative de renouvellement des discours sur l'Afrique. La littérature est perçue comme un moyen pour échapper aux pièges que l'Afrique tend aux discours.

La troisième partie travaille de façon transculturelle sur les convergences de perspectives possibles entre les sphères culturelles allemandes et africaines. Leo Kreutzer montre que la conception de la littérature mondiale chez Gœthe peut être opératoire pour comprendre ce qui se joue dans la littérature contemporaine africaine et mener un combat contre deux écueils possibles de la globalisation culturelle : le fondamentalisme ethnique d'une part, la perte d'identité culturelle d'autre part. Gœthe est également sollicité dans l'article d'Alioune Sow qui voit chez l'auteur des *Années d'apprentissage de Wilhem Meister* un auxiliaire fructueux pour une lecture des romans de formation dans la littérature africaine. Un travail comparatiste similaire est proposé par Moustapha Diallo qui voit dans le roman social allemand du XIXe siècle, lié aux mutations sociales provoquées par la révolution industrielle, un répondant aux problèmes d'adaptation que la colonisation a posés aux sociétés africaines. L'ouvrage se termine par un article de Roy Sommer qui ouvre le champ d'étude et analyse les textes de l'immigration africaine en Angleterre, aboutissement logique pour un ouvrage qui adopte d'emblée une position transculturelle volontariste.

■ Xavier GARNIER

■ DULUCQ SOPHIE ET SOUBIAS PIERRE, DIR., *L'ESPACE ET SES REPRÉSENTATIONS EN AFRIQUE SUBSAHARIENNE. APPROCHES PLURIDISCIPLINAIRES.* PARIS, KARTHALA, COLL. HOMMES ET SOCIÉTÉS, 2004, 256 P. ISBN 2-84586-543-0.

Le titre entier de cet ouvrage collectif précise qu'il portera sur l'Afrique subsaharienne (en fait sur l'Afrique de l'Ouest et du Sud) selon des approches pluridisciplinaires. Tout l'intérêt de ces analyses de l'espace subsaharien, "rêvé par les Européens" et "saturé d'imaginaire" par les Africains (p. 5) réside dans les différences de points de vues adoptés par les chercheurs. Venus de la sociologie, de l'urbanisme, de la littérature francophone et anglophone, de l'histoire, du cinéma, de l'anthropologie ou de l'économie, ils ont tenté de comprendre comment les espaces étaient mesurés, compris, conquis, habités, retranscrits selon des modèles intériorisés et implicitement partagés ou individuellement élaborés. Ces quinze chercheurs rassemblés lors de journées d'études à Toulouse en 2000 et 2001 ne sont pas africains et entreprennent, avec les outils de leur discipline et leur appréhension occidentale de l'espace, de définir comment les espaces physiques réels sont vécus en Afrique comme des espaces mentaux (p. 187). Ce qui n'est pour l'étranger que décor, pour le conquérant que positions à investir, pour l'urbaniste européen que quartier à lotir, est réorganisé selon les cultures "afin de lui donner un sens" (p. 194). Les analyses sont regroupées autour de trois axes : l'espace des logiques sociales, l'espace du politique et l'espace en représentation. Le lecteur européen circule ainsi, via leurs représentations de la brousse et du village mossi (Yveline Dévérin), en pays yoruba au Nigeria (Christiane Fioupou), au Cameroun (Marie Djuidjeu, et Hélène Guétat-Bernard et Pierre Soubias), au Biafra (Nelly Segers), en Afrique du Sud (Yvonne Munnick et Carol Serrurier), au Sénégal (Momar Kane et Martine Cuttier), en Guinée (Odile Goerg) et au Ghana (Marie-Jeanne Gaufre).

Il observe avec la même attention les schémas d'urbanisme (Conakry depuis 1880 dans l'article d'Odile Goerg)), les politiques foncières des villes (Catherine Baron), les films de l'exil (*Fodou* de Ababacar Samb Macaram analysé par Momar Kane), les romans anglophones de Nadine Gordimer, Achebe (Nelly Segers), Kojo Laing (Marie-Jeanne Gauffre) ou francophones de Mongo Beti et Henri Lopes (Pierre Soubias), les cartes des militaires en campagne (au Niger, par Martine Cuttier), des explorateurs (une carte de 1818 est présentée par Guy Larroux) ou des urbanistes coloniaux (malheureusement non reproduites par Sophie Dulucq).

Toujours revient ce complexe enchevêtrement entre les espaces sociaux inscrits dans une réalité tangible, et les espaces imaginaires, rêvés, surgissant dans le vocabulaire, les fictions, les attitudes, les silences de connivence conformes aux codes partagés par la communauté concernée. Ces analyses basées sur des sources nombreuses et variées permettent de conclure que partout, la situation est celle des Mossi : "un territoire est humain et non spatial" (p. 21). Les analyses semblent ainsi comme déroutées de leur objectif initial et ramenées de l'immensité géographique réelle (il s'agit surtout des villes et de la guerre) à des mondes intériorisés, des fragmentations et des recompositions inattendues qui émergent peu à peu. Il est permis de regretter l'absence de communications sur la représentation du désert, de la forêt et du fleuve qui sont des espaces identitaires pour beaucoup et sur lesquels les analyses de ce type sont indispensables aux politiques de l'environnement. Enfin, les descriptions précises de toutes ces situations séparées n'aboutissent pas à l'analyse des chocs qui surviennent dans maints endroits du continent quand, longtemps après les situations de colonisation rappelées, des plans d'aménagements variés sont les fruits d'appréhensions diverses d'un même espace.

Ce très riche ouvrage achève magnifiquement de tuer le mythe d'une réalité spatiale objective, africaine ici, pour donner tous les comportements en société comme le résultat d'une "remise en ordre" de l'espace par les imaginaires collectifs, ou personnels quand il s'agit d'œuvres littéraires. L'Afrique subsaharienne, hélas prise dans une globalité sans doute réductrice, n'aura été que le support de cette démonstration, avec ses encodages étranges pour l'Occidental. On rêverait d'une analyse inversée sur l'étrangeté des Occidentaux.

■ Dominique RANAIVOSON

■ **LÜSEBRINK** HANS-JÜRGEN & **STÄDTLER** KATHARINA, ÉD., *LES LITTÉRATURES AFRICAINES DE LANGUE FRANÇAISE À L'ÉPOQUE DE LA POST-MODERNITÉ. ETAT DES LIEUX ET PERSPECTIVES DE LA RECHERCHE.* OBERHAUSEN (D), ATHENA-VERLAG, STUDIEN ZU DEN LITERATUREN UND KULTUREN AFRIKAS, 2004, 248 P. – ISBN 3-89896-164-8.

Cet ouvrage part de l'hypothèse que les littératures africaines francophones ont orienté à leur manière les théories esthétiques et épistémologiques que l'on a regroupées sous le qualificatif de "postmodernes". Par exemple, elles remettent en cause les concepts de culture ou de progrès, elles disent l'effritement du sujet comme entité autonome, etc. Partant, les contributeurs essaient de repenser le concept de "postmodernité" par rapport à celui de l'interculturalité entre les littératures européennes et africaines. Chaque contribution tente à sa manière de répondre à la question des modalités par lesquelles cette postmodernité articulée à l'interculturalité se manifeste dans les œuvres littéraires. Et ce, dans de nombreux articles sur Kourouma, Lomami-Tshibamba, Mouloud Feraoun, Norbert Zongo, Grainville et Sony Labou Tansi, Yasmina Khadra, Mudimbe, etc. Faute de place, nous ne prenons que cinq exemples pour illustrer la richesse et le dynamisme de ce livre.

Ainsi, l'article de Katharina Städtler est important à signaler parce qu'il tente de faire un état de la recherche consacrée aux littératures africaines francophones en Allemagne et en Autriche entre 1950 et 2000. Städtler explore les divers canaux de diffusion des lettres afro-francophones dans ces deux pays, ainsi que leur réception. L'auteure fait observer que la réception de ces littératures africaines écrites en langues européennes a d'abord eu lieu hors de l'Université avec le journaliste Janheinz Jahn. Ce dernier a recensé cette littérature africaine de 1951 à 1973 sous l'appellation de "littérature néo-africaine". D'autres lieux ont contribué à la faire connaître comme les manifestations diverses autour du livre (les foires, les ateliers, les festivals, les expositions, l'Église, etc.). Ensuite, elle a atteint la recherche universitaire entre 1970 et 1985, comme en témoignent les nombreuses thèses soutenues en la matière (p. 17). C'est précisément en 1979 que l'Université de Bayreuth crée la chaire de littérature francophone d'Afrique grâce notamment à János Riesz. A la suite de cette initiative s'est créé un réseau interdisciplinaire de recherche sur l'Afrique qui a rassemblé des chercheurs tant allemands qu'africains, ainsi que des collections, des revues, etc. (p. 22).

Parmi ces collaborateurs, il y a eu entre autres Justin Bisanswa qui apporte également sa réflexion dans ce collectif. Selon lui, la manière dont certaines études ont abordé le texte littéraire africain ne leur a pas permis d'éviter quelques écueils : elles ont davantage privilégié le contexte politique au détriment du texte ; elles ont pris pour argent comptant les catégories émises par la négritude, tout en considérant le roman africain comme différent du roman occidental et comme un reflet de la réalité africaine ; et elles ont postulé qu'il existait une discontinuité entre la colonisation (contestation de l'ordre colonial), la période des indépendances et postindépendances (contestation des dictatures après l'émancipation, etc.). Tout cela ne leur a pas permis, selon Bisanswa, d'envisager la littérature comme une œuvre d'art. Prenant le contre-pied de ces études, Bisanswa propose de partir de Kourouma pour tenter de combiner une approche textuelle avec une analyse institutionnelle : les œuvres de Kourouma opèrent un traitement linguistique, font un travail sur le personnel romanesque, sur les voix narratives, sur l'intertextualité, sur la conception polyphonique de l'énonciation, etc.

La contribution de Pierre Halen approche également la littérature africaine avec à la fois le souci textuel et contextuel. L'auteur revient sur *Ngando* (1948) de Paul Lomami Tshibamba, un texte charnière entre le conte "indigène" et le roman africain, qui inaugure la littérature du Congo-Kinshasa comme l'a montré par ailleurs Mukala Kadima Nzuji. Halen dégage du récit de *Ngando* l'idée qu'il y a deux univers dans ce roman : d'une part, l'univers moderne auquel est associé le mode naturaliste et d'autre part, l'univers traditionnel des croyances auquel est associé le mode merveilleux. Cette idée va lui servir d'hypothèse à partir de la quelle il interroge le statut de ces deux univers tout en se demandant en quoi Lomami renouvelle les lois du genre. Pour ce faire, l'auteur examine le contexte colonial et nous rappelle la conception du savoir qui sous-tend l'expansion coloniale au Congo. Ce savoir se disait basé sur les Lumières, les sciences et le Progrès, et s'est constitué au Congo contre l'ésotérisme des savoirs africains dits obscurantistes, primitifs et réservés aux initiés. Paradoxalement cet ésotérisme, qui a en même temps servi à justifier la différence entre *Nous et les Autres* (p. 61), a attiré et fasciné le colonisateur. En effet, le roman colonial de tendance naturaliste et documentaire dit la réalité sociale et réserve une place à ces pratiques ésotériques "indigènes" : sa représentation peut assurer une fonction superficielle (pittoresque local) qui assure un effet de réel codé, nous dit Pierre Halen ; l'ésotérisme fait alors partie d'un décor exotique, l'Autre est désigné comme autre et est exclu de la quête. Néanmoins, la représentation des croyances peut aussi être partie intégrante de la quête. L'ésotérisme est alors un obstacle, d'où la volonté de vider ses croyances de leur substance ésotérique en les ramenant au rang de folklore ; si au contraire la quête du héros européen échoue, alors la représentation de l'ésotérisme marque une altérité irréductible. Le traitement de cet ésotérisme par le roman africain est partagé entre la logique romanesque moderne naturaliste et la logique identitaire – défense a priori des traditions locales contre le regard colonial. Il doit choisir entre la fonction de maîtrise rationnelle et la fonction d'affirmation d'une identité (p. ex. valorisation des cultures précoloniales), écrit Halen. Et la voie de sortie que le roman africain va emprunter est celle d'une valorisation mitigée et limitée. C'est dans ce cadre qu'il faut réinsérer *Ngando*. Lomami dit vouloir restituer une vision du monde spécifiquement noire dans un contexte de promotion de "l'âme noire" (bantoue en l'occurrence) et de "valorisation du patrimoine ethnique". Cette voie indigéniste est empruntée par Lomami qui tente de satisfaire la demande patrimoniale tout en évitant l'ethno-littérature. De là, la position de Gaston-Denys Périer, prolongée par Pierre Halen, selon laquelle *Ngando* est un roman à part entière, évoquant la question du Mal et celle du pouvoir ; il ne peut donc être réduit à sa partie légendaire, Lomami ne faisant qu'adopter une posture indigéniste par stratégie pour se faire entendre.

Suzanne Gerhmann complète en quelque sorte cette étude en proposant d'étudier les autres productions ultérieures de Lomami *(N'Gobila des Mswata ou Mistantèle, La récompense de la cruauté)* en relation avec *Ngando.*

La contribution d'Isaac Bazié clôt l'ouvrage. Elle porte sur les problèmes de consécration littéraire par les instances internationales comme l'Académie Nobel. Bazié étudie ceux qui n'ont pas été nobélisés parmi les écrivains francophones à l'époque de la Négritude. Il remarque ainsi que dans les recommandations de la presse européenne, insatisfaite du choix de l'Académie suédoise, ne sont nullement mentionnés les noms de Damas, Césaire et Senghor, alors qu'ils inaugurent les littératures afro-francophones. Cet oubli institutionnel, tant par le Nobel que par la presse littéraire et les médias, trouve son explication dans le contexte littéraire et sociopolitique. Dans les années trente, le mouvement de la négritude est en gestation pour n'émerger que dans les années quarante. Mais sur le plan quantitatif, la production est mince. Et il n'y a alors pas grand-chose à honorer. Après les années quarante, il s'agissait de réparer la situation des avant-gardes, ignorées jusque-là par le Nobel. Dans un troisième temps enfin, il n'y avait plus d'obstacle pour distinguer un Senghor par exemple, mais sans doute que, dans le contexte de la guerre froide, son profil politique ne l'a pas aidé, sans oublier les considérations idéologiques qui ont pu écarter la littérature africaine du Prix Nobel. Ce n'est que dans les années quatre-vingt que Soyinka sera distingué, plutôt que Senghor. Pour Bazié, une telle distinction répond davantage à un changement d'horizon d'attente qui ne s'est pas fait au bénéfice de Senghor.

On le voit, les problèmes abordés par ce livre sont multiples et stimulants. Sans doute qu'une conclusion aurait été la bienvenue, d'autant que les questions concernant la postmodernité dans ses rapports à l'interculturalité nous installent au cœur des enjeux philosophiques et politiques contemporains. Mais retenons surtout qu'il y a là une invitation (et non des moindres) à pousser la réflexion plus loin.

■ Malela BUATA

■ NDIAYE CHRISTIANE (DIR.), *INTRODUCTION AUX LITTÉRATURES FRANCOPHONES. AFRIQUE, CARAÏBE, MAGHREB.* AVEC LA COLLABORATION DE NADIA GHALEM, JOUBERT SATYRE ET JOSIAS SEMUJANGA. LES PRESSES DE L'UNIVERSITÉ DE MONTRÉAL, COLL. PARAMÈTRES, 2004, 276 P., BIBL. ISBN 2-7606-1875-7.

Cette *Introduction* s'inscrit parmi les livres qui offrent une vision panoramique des littératures de la francophonie. L'ouvrage participe également à l'effort actuel visant à décloisonner les littératures francophones et à montrer la "multiplicité de paroles" engendrée par leur développement et leur autonomisation. Le texte introductif reprend les thèmes souvent évoqués de la francophonie, de la langue française dans le monde et des littératures francophones avant de suggérer une révision socio-historique et analytique de ces littératures. En elle-même, cette présentation constitue un panorama assez large, qui sera complété par les chapitres subséquents. Seul bémol : le livre lui-même n'apportera aucune information supplémentaire relativement aux littératures québécoise, suisse et belge ; les auteurs expliquent qu'un tel ajout devrait être fait lors de la réédition du livre…

La mise en valeur des informations essentielles, des œuvres déjà classiques ainsi que des auteurs et des œuvres méconnus apparaît dans l'ensemble du document. Les parties respectent d'ailleurs une structure similaire, construite à partir des divisions régionales, génériques et chronologiques. Néanmoins, les parties étant rédigées par différents chercheurs, selon qu'il s'agisse de l'Afrique subsaharienne, de la Caraïbe ou du Maghreb, l'analyse textuelle est plus ou moins présente par rapport à l'énonciation de faits historiques et institutionnels, et la critique se fait plus ou moins sentir. La réflexion proposée dans chaque partie en fonction des intérêts des auteurs respectifs met ainsi en lumière la diversité historique et culturelle des littératures francophones. L'étude des œuvres africaines laisse voir la relation étroite entre l'oralité et l'écriture et amorce une discussion à propos de la réception critique et de l'autonomie institutionnelle. L'analyse des littératures de la Caraïbe se divise selon l'appartenance géographique des œuvres à Haïti ou aux Antilles ; dans les deux cas, les problématiques de l'identité, du créole et de l'oralité sont exposées. Enfin, la section consacrée aux littératures du Maghreb met l'accent sur la question des langues, vécue différemment selon que les auteurs proviennent de l'Algérie, du Maroc ou de la Tunisie. L'ouvrage exploite donc les thèmes et les problématiques majeurs de chaque regroupement géographique. Néanmoins, l'espace réservé à l'écriture au féminin, aux œuvres issues de l'émigration et à la littérature populaire, par exemple, reste mince.

Bien qu'il se présente comme un panorama assez conventionnel, l'ouvrage propose certaines pistes de réflexion qui divergent de la voie traditionnelle. Ainsi, les auteurs remettent en question les catégories géographiques et générationnelles servant à classer les écrivains francophones. Toutefois, la structure du texte et la division par chapitre reprend exactement ces catégories ; ainsi, les idéologies qui sous-tendent les catégorisations de toutes sortes sont reconduites et servent de fondation au texte.

Dans cette première version, cette *Introduction* constitue déjà une ressource d'importance pour les étudiants de niveau postsecondaire et les lecteurs qui s'intéressent aux littératures francophones d'hier et d'aujourd'hui. Fondé sur la perception la plus généralement répandue de ces corpus, l'ouvrage ne prétend pas être une étude approfondie ou révolutionnaire, mais bien un texte de référence qui bénéficiera d'une réédition, autant pour l'ajout d'informations que pour la correction de la mise en page et de certaines formulations, où se glissent quelques erreurs (ordre des pages, formules maladroites ou termes impropres).

■ Nathalie COURCY

■ LEBEL ROLAND, *LE LIVRE DU PAYS NOIR. ANTHOLOGIE DE LITTÉRATURE AFRICAINE.* AVEC UNE PRÉFACE DE MAURICE DELAFOSSE, ET *14 BOIS GRAVÉS* DE JEAN HAINAUT. PRÉSENTATION ET ÉTUDE DE JEAN-CLAUDE BLACHÈRE, AVEC LA COLLABORATION DE ROGER LITTLE. PARIS-BUDAPEST-TORINO, L'HARMATTAN, COLL. AUTREMENT MÊMES, 2005, 235 P. – ISBN 2-7475-8099-7.

La réédition de cette anthologie est tout à fait bienvenue dans la collection "Autrement mêmes" ; elle s'imposait avec d'autant plus d'évidence que la sélection est due à Roland Lebel, principal zélateur en France de cette littérature coloniale à l'époque où la "plus grande France", objet certes de critiques et de débats, n'en paraissait pas moins à son apogée.

Les éditeurs de cet ouvrage ont fort bien fait de reproduire, grosso modo, l'édition unique de 1927, y compris les illustrations – pour des raisons techniques, nous dit-on, il n'a cependant pas été possible de respecter exactement leur emplacement –, ainsi que les notes biographiques – celles-ci étant toutefois regroupées ici en fin d'ouvrage, et quelquefois complétées par des indications entre crochets. Un fac-similé complet aurait encore été préférable, mais le résultat est néanmoins déjà à saluer. Les éditeurs, outre les orientations critiques qui figurent à la fin de la présentation, ont reproduit aussi la "Bibliographie littéraire de l'Afrique noire" de Lebel, qu'il est intéressant de redécouvrir en l'état. La présentation de Jean-Claude Blachère éclaire la plupart des questions que pose une telle "anthologie de littérature africaine" où l'on ne relève, d'après les critères qui ont cours aujourd'hui, qu'un seul "Africain" ; mais tel n'était pas le point de vue d'un temps où l'on pensait en termes de continuité l'activité littéraire des "coloniaux" et celle des colonisés. La place finale réservée à l'extrait de *Force-Bonté* de Bakary Diallo joue donc le rôle de la cerise sur le gâteau en même temps que celui de témoin d'un avenir escompté : la future littérature "africaine" serait celle de tous les auteurs ayant une expérience de l'Afrique, à condition toutefois qu'ils souscrivent aux visées de la "plus grande France". Un des traits dominants de cette anthologie est en effet son patriotisme exacerbé, son obsession de l'âme et de l'énergie nationales : elle est fort peu un "livre du pays noir", et beaucoup un livre des "riches heures" de l'héroïsme français. La place considérable accordée à Paul Adam, chantre de la latinité, et surtout à Psichari, obsédé par une sorte de mystique de l'action que fascine davantage la perspective de sa propre mort que celle d'un "développement", ajoute de curieux accents mythiques ou spirituels à cette dimension épique.

Du moins l'anthologie affirme-t-elle davantage cette dernière au fil des pages, car le début est plus anecdotique, avec notamment une grande place laissée aux paysages, ensuite à des séquences narratives. Nombre de ces extraits ont mal supporté l'outrage des ans, et procèdent d'un "beau style" qui, déjà à l'époque, devait sembler un peu académique ; cela s'explique assez par le capital scolaire d'auteurs qui ont fait leurs études avant 1914, sinon bien avant, et qui, ensuite n'ont pas gardé le contact avec les salons et cafés parisiens. Mais il y a aussi des talents qui sont plus qu'honorables et dont la phrase ou la narration a moins vieilli : songeons à Randau, inégal mais attachant, et peut-être surtout à Demaison.

Compte tenu des positions du type "algérianiste" (tendant à ne considérer comme légitimes, à propos des territoires d'outre-mer, que les écrits d'auteurs qui y ont durablement vécu, voire qui y sont nés) qu'il est arrivé à Lebel de reprendre, on peut s'étonner que cette anthologie accueille, non seulement les frères Tharaud, mais aussi... Pierre Benoît ou Emile Zola ! C'est sans doute que Lebel s'impose ici de construire une "mémoire" nationale de l'Empire, en occultant les divisions, et quitte à faire taire un moment les doléances des auteurs coloniaux à l'égard des écrivains qui leur volaient, en quelque sorte, leur sujet.

On souhaite à présent en savoir davantage sur certains aspects : quelle a été l'importance de cette édition "unique" de 1927, quel en a été l'usage, quels ont été les lecteurs de ce livre, comment fut-il reçu dans la presse du temps, etc. A-t-il déterminé des vocations coloniales, comme le souhaite Delafosse dans sa préface ? Dans le détail, quels coups de ciseaux Lebel a-t-il donnés aux œuvres citées ? Ce livre cristallise sans doute un certain état des sensibilités du temps, mais il est déjà anachronique par rapport à certains des ouvrages qu'il cite, notamment ceux de Lucie Cousturier, et davantage encore par rapport à ceux qu'il ne cite pas, comme le montre bien Jean-Claude Blachère.

■ Pierre HALEN

■ **MOLINARI** CHIARA, *PARCOURS D'ÉCRITURES FRANCOPHONES. POSER SA VOIX DANS LA LANGUE DE L'AUTRE.* PARIS-BUDAPEST-TORINO, L'HARMATTAN, 2005, 244 P. – ISBN 2-7475-8560-3.

L'ouvrage de Chiara Molinari, *Parcours d'écritures francophones,* s'intéresse principalement à trois écrivains d'aires francophones différentes : A. Hampâté Bâ pour le Mali, P. Chamoiseau pour la Martinique, et M. Tremblay pour le Québec. L'étude se propose de rendre compte de la "rencontre dialectique entre oralité et écriture" (p. 31) et d'évaluer les enjeux symboliques d'un "style oralisé" (p. 15). Combinant les approches linguistique, sociolinguistique et ethnographique, l'auteur veut cerner la complexité des rapports entre les différentes variétés de français et la "norme" incarnée par le français hexagonal. L'ouvrage entend ainsi voir comment se manifeste, chez les sujets-écrivains concernés, l'insécurité linguistique liée à l'éloignement de leur langue maternelle par rapport au français hexagonal "considéré en tant que norme prescriptive exogène" (p. 22).

Dans le premier chapitre, Molinari illustre la "polyphonie intégratrice" (p. 33) du système linguistique malien dont le plurilinguisme complexifie la transposition à l'écrit du patrimoine oral. En relevant les différentes composantes du panorama linguistique malien, et en établissant le système gravitationnel de forces symboliques des langues en présence, l'auteur identifie l'insécurité linguistique et identitaire comme un des enjeux fondamentaux de l'interaction entre le français hexagonal et les autres langues du pays. Elle réfléchit particulièrement, à travers le personnage de Wangrin, dans *L'Étrange Destin de Wangrin ou Les Roueries d'un interprète africain* d'Hampâté Bâ, au rôle et à la position de l'interprète dans un système colonial où la langue est un élément de domination. Elle examine également le rôle de l'école ainsi que la revendication de l'identité ethnique (qui s'effectue dans une dimension sonore : exhibitions musicales, griots, etc., p. 56-64), ce qui lui permet de conclure effectivement à une expression polyphonique de l'identité linguistique malienne "selon laquelle l'adoption de la langue française serait subordonnée à l'expression de l'identité ethnique malienne" (p. 80).

L'auteur s'intéresse ensuite, dans son deuxième chapitre, au système linguistique martiniquais, qu'elle conçoit comme une "polyphonie créatrice" (p. 81). A partir des récits autobiographiques de Chamoiseau, elle analyse notamment les phénomènes d'autorégulation et d'hypercorrection liés à une hiérarchisation des langues, selon laquelle le créole est inférieur à la langue et à la prononciation françaises. Elle observe, entre autres, la figure du conteur (Solibo dans *Solibo Magnifique*) afin, d'une part, de cerner le défi que représente la prise de parole "en pays dominé" et, d'autre part, de mettre en relief la domination silencieuse, voire l'aliénation qui s'exerce sur les valeurs créoles. Face à de telles pressions, le silence peut représenter à la fois une stratégie d'évitement et un indice de résignation linguistique et identitaire (p. 101). L'auteur insiste, en définitive, sur l'idée d'une langue-rhizome qui doit se renégocier sans cesse, et s'affirmer dans un espace-temps qui est celui-là même de la créolisation. En ce sens, l'écriture de Chamoiseau, dont l'éclatement culturel et le renouveau scriptural font écho au projet de créolisation, est ici comprise comme une démarche créatrice conciliant affirmation de soi et ouverture à l'autre.

Concernant, finalement, le système linguistique québécois, Molinari s'appuie sur les romans de Michel Tremblay pour souligner l'insécurité statutaire liée à l'écart entre les variétés du français québécois et la norme du français de France. Observant les perceptions identitaires des personnages, elle fait état notamment des divers positionnements du locuteur québécois (distanciation, désindividuation, dévalorisation, métamorphose de la prononciation, etc.) face au modèle linguistique hexagonal, et insiste sur "le rôle de la voix en tant que marqueur direct de la visibilité ethnique" (p. 205). Selon l'auteur, l'oralisation de la narration chez

Tremblay tient essentiellement aux procédés de transcription mimétique (p. 215) et de subversion de l'orthographe (p. 216). Pour elle, "l'éclatement linguistique que les ouvrages de Tremblay reproduisent ne débouche pas sur une quête linguistique articulée sur le mode de la relation, mais se réduit à un panorama linguistique dont les composantes se côtoient tout en évitant toute interaction" (p. 217).

En somme, ce *Parcours d'écritures francophones* semble atteindre son objectif, qui était d'observer les solutions apportées par les écrivains afin de rendre compte des spécificités linguistiques de leur région. L'ouvrage est bien documenté et les notes en bas de page – abondantes – amènent souvent un complément d'information intéressant. Mais la problématique donne l'impression de se démultiplier, et les quelques considérations sociologiques ou ethnologiques faites sur la base de la société du roman (exemple p. 41, 43, 85, 187) donnent lieu à certains glissements qui peuvent susciter un doute quant à la méthode. La conclusion apporte certes quelques éléments d'analyse fédérateurs, mais on peut tout de même regretter le choix d'une argumentation linéaire (procédant par zone géographique) qui, préférée à une analyse transversale, ne sert pourtant pas toujours bien l'avancement des hypothèses de départ.

■ Laurence BOUDREAULT

Littératures orales

HADDAD ADNAN, *MEN RAWAI' AL ADAB AL IFRIQI [DES CHEF-D'ŒUVRES DE LA LITTÉRATURE ORALE AFRICAINE]*. BEYROUTH, ÉDITION AL-BAYROUNI, 2001, 373 P. – ISBN 9-18995390064-3.

Adnan Haddad connaît bien l'Afrique centrale pour y avoir passé une quarantaine d'années. Professeur à l'Université de Lubumbashi (RD Congo), il a notamment dirigé des thèses sur la littérature orale africaine. C'est à lui que l'on doit aujourd'hui ce magnifique travail de présentation et de traduction, en langue arabe, des chefs-d'œuvres de cette littérature orale. Sa pratique des langues bantoues, et surtout sa curiosité pour les cultures concernées, le qualifiaient particulièrement pour ce travail de "passeur" à la fois culturel et littéraire. Adnan Haddad a donc traduit en arabe contes, fables et poèmes, de manière à composer une anthologie représentative des cultures traditionnelles d'Afrique centrale. Ceci contribue à faire sortir la littérature orale nègre du relatif isolement, par rapport au monde arabe du moins, où elle s'est longtemps trouvée. Le but de ce livre est de corriger la vision des Européens à l'égard de la vie des négro-africains. Il vise aussi à approfondir la relation entre le peuple africain et le peuple arabe, et à lutter contre les conceptions négatives qui ont dominé cette relation à travers les siècles. Enfin, il veut contribuer à enrichir la bibliothèque arabe qui, d'après l'auteur, souffre d'un manque en matière de littérature orale négro-africaine.

Dans son introduction, Adnan Haddad rappelle, puisque c'est sans doute nécessaire, qu'il n'y a pas de supériorité d'une race par rapport à une autre. L'étude d'une culture particulière ajoute à notre savoir une dimension humaine et nous libère de la régionalisation : la vraie culture, pour l'auteur, est un dialogue fructueux entre les civilisations. Puis, il analyse le contexte où la culture négro-africaine s'est développée ; l'auteur explique que si l'Africain tient beaucoup à sa tradition, c'est en réponse aux attitudes dominatrices ou racistes du colonisateur. L'auteur ajoute que le monde a ignoré ou a voulu ignorer la vraie pensée nègre car il n'a cherché qu'à contrôler le comportement des Africains au lieu d'étudier leur histoire et de chercher les raisons de leur conduite. Il y a des évolutions positives : ce qui avait semblé "sauvage" ou "primitif" est vu par Mircea Eliade dans *Images et symboles* comme une manifestation culturelle. Mais la vision que la majorité des Arabes ont des nègres n'a pas évolué parallèlement à celle des Européens, et reste négative. Après cela, Adnan Haddad présente un bref résumé de l'histoire des peuples de l'Afrique centrale pour donner une idée de leur mode de vie, de leurs langues et de leur exploitation par le colonisateur.

La première section, "La littérature des nègres est orale", développe les mécanismes fondamentaux de l'oralité : le rôle des griots spécialisés dans la narration et dans l'élocution, jouant le rôle d'historiens, d'instituteurs et d'hommes de lettres ; la flexibilité des structures syntaxiques ; et la facilité de l'interaction entre le narrateur et le public. La deuxième section est consacrée aux histoires de la création de l'univers, de l'homme, des animaux et des plantes. A travers les fables, la troisième section met l'accent sur le comportement et la réflexion du négro-africain dans certains cas comme celui de légitime défense ; ce qui interpelle en particulier l'intérêt du lecteur est l'utilisation de la ruse, mais aussi les aspects didactiques et moraux. La quatrième section parle de la poésie en présentant ses aspects métriques ainsi que les diverses occasions où la forme poétique est utilisée dans la communication. La dernière section traite des récits à dimension épique, comme "Le Prophète des âmes".

Cet ouvrage mérite l'attention du lecteur car il donne au public de langue arabe une nouvelle vision sur la littérature orale africaine, une vision inséparable du contexte sociologique et culturel à travers lequel l'Africain comprend et explique les différents aspects de sa vie.

■ Mustapha Ben Zahra

Afrique noire francophone

■ KANE Momar Désiré, *Les Carrefours mobiles. Marginalité et errance dans la littérature et le cinéma africains francophones.* Préface de Duarte Mimoso-Ruiz. Paris, L'Harmattan, coll. Images plurielles, 2004, 322 p. - ISBN : 2-7475-6463-0.

S'appuyant sur une dizaine de films (présentés en détail en annexe), depuis *Les Maîtres fous* de Jean Rouch (1954) jusqu'à *L'Afrance* d'Alain Gomis (2001), et sur une vingtaine de romans, depuis *L'Enfant noir* de Camara Laye (1953) jusqu'à *Lagons, lagunes* de Sylvie Kandé (2000), l'étude de Momar Désiré Kane se propose de montrer que la présence de la marginalité et de l'errance est une donnée structurelle de la littérature et du cinéma africains à toutes les étapes de leur développement et que ces thématiques apparaissent sous forme latente ou patente, cette dernière précision indiquant la préférence donnée à l'*intentio operis* sur l'*intentio auctoris* (distinctions reprises d'Umberto Eco).

Pour ce faire, l'auteur entreprend de définir dans les trois premières parties *marge* et *marginalité*, en se plaçant dans la perspective de la complexité décrite par Edgar Morin comme la visée la plus appropriée pour la saisie de la réalité et du lien de causalité existant selon Barthes entre homogénéité de l'écriture et non-déchirure de l'esprit qui la produit. Il se propose de montrer que, lorsque l'écrivain et le cinéaste africains prennent conscience d'eux-mêmes, ils sortent de l'espace-temps européen, cessent de sublimer l'œuvre d'art, "pour s'introduire dans l'espace de la magie" (p. 14) et faire émerger un univers "bariolé soumis au règne de l'universelle métamorphose" *(ibid.)*. Il peut ainsi montrer l'évolution de l'affirmation féministe en Afrique, depuis *Une si longue lettre* de Mariama Bâ, qui s'engage certes dans un travail militant mais ne le nourrit pas d'une écriture nouvelle qui définirait l'écriture-femme (selon l'expression de Béatrice Didier), jusqu'à Sylvie Kandé qui dans *Lagon, lagunes. Tableau de mémoire* s'invente elle-même dans sa relation avec ses doubles, dans un poème en prose dérivant vers le théâtre, "ni du côté des "mâles ténors de l'incantation", ni de celui de la "menue prose"" (expressions empruntées à Sylvie Kandé).

Les deux dernières parties reviennent à des approches plus classiques et moins théoriques en considérant les divers aspects de la marginalité et de l'errance (signes extérieurs : vêtement, démarche, physique), leurs principales figures (le fou, le marginal à proprement parler, le poète, la sorcière, la prostituée, le colonial de bonne volonté et l'enfant) et leurs lieux favoris (dialectique de la ville et de la campagne, de l'errance et du point d'ancrage). Les analyses sur ce dernier point confrontent les films de

Djibril Diop Mambety et *Les Écailles du ciel* de Tierno Monénembo de manière très éclairante, montrant "les contours d'une affinité entre l'univers de la marginalité et de l'errance d'une part et l'espace de la création poétique d'autre part" (p. 242). Dans la cinquième partie consacrée à l'approche narratologique, l'auteur montre que le recours au parler chez Monénembo ou Kourouma, le polycentrisme qu'on observe chez Werewere Liking ou Calixte Beyala œuvrent à une poétique moderne capable d'"opérer la délocalisation de l'imaginaire" (p. 287).

Il s'agit, on le voit, d'un ouvrage très riche et d'une forte portée critique. Une écriture vivante et précise en rend la lecture agréable et ouverte aux non-spécialistes.

■ Daniel DELAS

■ DIOP SAMBA, *DISCOURS NATIONALISTE ET IDENTITÉ ETHNIQUE À TRAVERS LE ROMAN SÉNÉGALAIS*. PARIS-BUDAPEST-TORINO, L'HARMATTAN, COLL. CRITIQUE LITTÉRAIRE, 2003, 180 P. – ISBN 2-7475-5240-3.

Le critique sénégalais Samba Diop qui, à la suite d'un doctorat à l'université de Berkeley, enseigne actuellement à l'université de Harvard, propose ici de renouveler l'approche du roman sénégalais en le passant au crible des concepts de nation, d'ethnicité et de métissage qui, selon lui, constituent un outil indispensable pour saisir la véritable portée de la littérature négro-africaine. Il souhaite ainsi aller au-delà d'une perception de l'Afrique comme globalité chère aux poètes de la négritude pour faire voir à quel point la littérature africaine est avant tout "l'affirmation d'une identité et d'une personnalité spécifique". En réalité cette visée n'a rien de nouveau. Plusieurs critiques ont déjà soulevé la problématique de l'identité nationale dans les années 1980. On songera plus particulièrement aux recherches incontournables de Mohamadou Kane, de Mukala Kadima-Nzuji et d'Adrien Huannou.

Or, la singularité de l'approche du critique sénégalais tient pour une large part à la place qu'il attribue aux théories récentes issue de la réflexion sur le postcolonialisme, notamment aux États-Unis. Significativement, il se fonde sur l'idée que la nation est une "communauté imaginaire" et, en conséquence, que "le concept de littérature nationale est flou et subjectif". Selon lui, le véritable creuset de la culture africaine n'est point la nation mais l'ethnie dans la mesure où elle traduit de façon plus authentique les conditions d'expression et de création littéraire et artistique en Afrique. Il estime par ailleurs que privilégier ainsi "une approche régionale et linguistique" revient à mieux rendre compte du mode de fonctionnement des littératures africaines enfermées jusque-là dans des catégories d'analyse et de description héritées de la période coloniale.

L'ouvrage s'organise selon deux étapes dont la première est conçue comme un exposé théorique sur l'idée de nation et de littérature nationale, tandis que la deuxième regroupe une série d'études portant sur un choix de textes de fiction. L'auteur souhaite ainsi jeter un nouveau regard sur quelques romans parmi lesquels ceux d'Ousmane Sembène, Abdoulaye Elimane Kane, Aminata Sow Fall, Cheikh Hamidou Kane, Ousmane Socé Diop, Abdoulaye Sadji et Tita Mandeleau.

Certes, l'ouvrage de Samba Diop nous amène à nous interroger à propos de la nécessité d'une analyse plus minutieuse du microcosme linguistique, sociologique et historique où s'inscrit le travail d'écriture de l'écrivain africain. Par là c'est indubitablement une recherche tout à fait valable, susceptible de contribuer aux débats sur le mode de fonctionnement de la littérature, à la fois unique et plurielle. Par contre, la portée théorique de l'œuvre du critique sénégalais se trouve gravement restreinte du fait qu'il néglige totalement la riche réflexion anthropologique et historique sur les concepts qui sont à la base de son analyse, et notamment les recherches, indispensables à ce sujet d'Amselle, M'Bokolo et de Donzon. En somme, à mon sens, cet ouvrage rappelle également les limites d'une analyse critique inspirée uniquement des théories du postcolonialisme, qui tendent souvent à gommer les particularismes historiques en faveur des généralisations vaporeuses, surtout lorsqu'il est question du contexte social et historique d'une littérature.

■ Kusum AGGARWAL

■ SOMDAH MARIE-ANGE (DIR.), *ÉCRITURES DU BURKINA FASO*, VOL. 1. PARIS – BUDAPEST – TORINO, L'HARMATTAN, 2003, 169 P.
ISBN 2-7475-5466-X.

Pendant longtemps, la littérature burkinabé a souffert d'un déficit d'analyses critiques. Cette lacune est désormais comblée grâce à l'ouvrage collectif dirigé par Marie-Ange Somdah, qui réunit plusieurs études portant sur différents aspects de la production littéraire burkinabé. Amadou Bissiri analyse l'influence du conte dans le théâtre d'un des auteurs dramatiques les plus connus du Burkina, Jean-Pierre Guingané, en soulignant les parallèles qui existent entre la structure dramatique du conte et celle de ses pièces, et en établissant des rapprochements entre les moyens utilisés par les conteurs traditionnels pour agir sur leur public et ceux auxquels recourt Guingané pour faire de son théâtre un théâtre engagé, un théâtre "de développement". Georges Sawadogo, quant à lui, se livre à une étude approfondie de l'écriture poétique de Jacques Boureima Guégané en examinant successivement les sources d'inspiration, les thèmes de prédilection et les procédés d'écriture de ce poète qui fait entendre une voix très originale dans la production poétique burkinabé.

Mais bien que le théâtre et la poésie soit représentées dans cet ouvrage, la part la plus belle est cependant faite au roman, soit sous forme d'étude monographique comme celle que Cécile Leung consacre au roman de Marie-Ange Somdah, *Le Nombril de la terre,* qu'elle interprète comme "un cri cosmique", soit à travers des études plus ambitieuses qui tentent de dégager quelques lignes de force d'une écriture romanesque spécifiquement burkinabé. Dans cette perspective, Ute Fendler s'intéresse à la représentation du pouvoir politique dans trois romans écrits depuis les années quatre-vingt et considère que l'évolution d'une écriture réaliste à une écriture polyphonique et grotesque reflète une tendance profonde du roman burkinabé pendant ces dernières décennies. Jean Ouedraogo insiste sur l'ancrage géographique, culturel et social d'une partie de la production romanesque de ce pays. Alain Sissao étudie les interférences qui existent entre le récit traditionnel oral et l'écriture romanesque en s'attachant plus particulièrement à des romanciers dont l'univers linguistique et culturel est le mooré. Et pour finir, Marie-Ange Somdah propose quelques pistes de réflexion sur la symbolique de l'espace dans le roman burkinabé. En annexe, on trouve une liste d'auteurs et de leurs œuvres, qui donne un aperçu de la production littéraire du Burkina.

On ne peut que se réjouir de l'initiative que représente la publication de cet ouvrage qui vient combler un vide certain et espérer que la publication annoncée du volume 2 ait la même exigence de qualité que le volume 1.

■ Christiane ALBERT

■ MARTIN-GRANEL NICOLAS ET RODRIGUEZ-ANTONIOTI GRETA (ÉD.) *SLT. L'ATELIER DE SONY LABOU TANSI.* PRÉSENTATION DE JEAN LOUP PIVIN ET DE FRANÇOISE LIGIER. PARIS, EDITIONS REVUE NOIRE, COLL. SOLEIL. LITTÉRATURE – INÉDITS, 2005 – ISSN 1258-293X. [UN COFFRET DE TROIS VOLUMES COMPORTANT] VOL. 1 : *CORRESPONDANCE. LETTRES À JOSÉ PIVIN. LETTRES À FRANÇOISE LIGIER.* 264 P. – ISBN 2-909571-60-2. VOL. 2 : LABOU TANSI (SONY), *POÉSIE. L'ACTE DE RESPIRER (2 VERSIONS). 930 MOTS DANS UN AQUARIUM.* PRÉSENTATION DE DANIEL DELAS. 216 P. ISBN 2-909571-61-0. VOL. 3 : *ROMAN. MACHIN LA HERNIE.* PRÉSENTATION DE NICOLAS MARTIN-GRANEL. 304 P. – ISBN 2-909571-62-9.

Le dixième anniversaire de la disparition de l'écrivain congolais Sony Labou Tansi (1947-1995) est l'occasion pour les Éditions Revue Noire de publier des inédits dans la perspective d'"entrer dans l'atelier" de l'auteur qui inscrivait sur sa carte de visite : "métier : Homme, fonction : Révolté". Trois ouvrages sont présentés en coffret sous les simples initiales "SLT". Ils contiennent d'abord les lettres de l'auteur aux deux premiers Français, journalistes, qui lurent ses textes proposés à des concours et lui permirent d'être connu en France : José Pivin et Françoise Ligier. Ses lettres rédigées entre 1973 et 1983, après un séjour en France, dans le Brazzaville des étouffantes années marxistes, sont des appels constants, destinés aux familles qui l'avaient accueilli : "le monde est loin et il faut bien que l'on pense à vous" (p. 46 et 128). Elles contiennent également des réflexions sur la vie politique, spirituelle, sur l'écriture et de précieuses indications concernant la datation des œuvres publiées ultérieurement. Elles sont à la fois des confidences et des cris, nourris de réflexions et d'anecdotes sur la vie politique et sur ses conditions de travail.

Le deuxième volume présente deux recueils de poésie, *L'Acte de respirer* (deux versions différentes se succèdent), écrit en 1976, et *930 mots dans un aquarium,* de 1988. Le lecteur retrouve le flot qui caractérise l'écriture de Sony, mais haché par une présentation en vers libres très brefs.

Le troisième volet de ce triptyque donne la première version du roman *L'État honteux,* que l'auteur voulait initialement appeler *Machin la Hernie.* L'édition publiée au Seuil en 1981 était en effet la version abrégée à la demande de l'éditeur. Ce texte-fleuve, rédigé à la première personne, est calqué sur les délires des dictateurs africains et mêle les portraits aux noms bizarres de politiciens véreux et les descriptions des ingérences de l'Occident. Il dénonce les vulgarités et le machiavélisme attachés à la course fanatique au pouvoir. A la fois drôle et dramatique, il emporte le lecteur halluciné dans ses tourbillons de langage, ses accumulations macabres et ses inventions grotesques. Les phrases serpentent indéfiniment en multipliant les incises, changeant sans cesse de sujet, associant idées ou personnages, convoquant le réel autant que la folie. Assomé de slogans, Sony confie en 1975 : "Nous attendons. Pas le lyrisme de Marx. L'explosion. Le tremblement des consciences" (vol 1, p. 59). Cette édition nous permet de pénétrer dans la fabrication de cette poudre explosive que furent le langage et le personnage de Sony Labou Tansi, grâce au patient et efficace travail de Nicolas Martin-Granel et Greta Rodriguez-Antoniotti qui ont établi ces textes à partir des manuscrits retrouvés. Signalons l'élégance de la présentation, l'insertion de signets avec les sommaires, la reproduction de fac-similés de lettres, et la maniabilité de l'ensemble. On regrettera simplement que ne figurent nulle part de biographie ni de repères chronologiques, même succincts, sur l'histoire récente du Congo-Brazzaville, ce qui aurait permis de replacer ces documents plus précisément dans la période des débuts de la trajectoire fulgurante, hélas stoppée par la mort, de cet écrivain impertinent et acharné qui vécut dans un contexte volontairement ignoré. Les lecteurs francophones extérieurs au contexte africain, aux prises avec cette œuvre choquante à certains égards et parfois difficile à décrypter, trouveront néanmoins dans ces volumes une aide extrêmement précieuse. Alors que son premier livre *(La Vie et demie)* n'allait sortir qu'en 1979, Sony Labou Tansi écrivait en 1974 à Françoise Ligier : "Je vais apprendre à écrire des livres, des vrais, je veux participer au sauvetage de l'espèce humaine" (vol. 1, p. 123). Il a appris, frénétiquement parlé et écrit ; cette édition participe du sauvetage de cette œuvre aussi violente que désespérée, aussi fascinante que toujours étrangère, ample, diverse. Par cette œuvre de vie qui dénonce la mort, la sienne n'est pas célébrée, elle disparaît, engloutie, dans les flots de ces trois volumes magnifiques.

Dominique RANAIVOSON

■ KABA Lansiné, *Cheikh Mouhammad Chérif et son temps, ou Islam et société à Kankan en Guinée 1874-1955*. Paris, Présence africaine, 2004, 3003 p., bibl., index, annexes. – ISBN 2-7087-0761-2.

Mouhammad Chérif est un "homme de Dieu" qui vécut, dans la ville de Kankan, en Guinée, toutes les principales phases de l'histoire du pays. Né en 1874 dans une famille islamisée de la région de Baté, il doit sa formation générale à l'esprit religieux qui imprégnait la confédération théocratique de la région où fut construite la ville de Kankan, centre d'échanges commerciaux situé à la rencontre de fleuves et de routes suivis par les commerçants d'or, d'esclaves et de cola, tous soutenus par le fervent islamisme qui anime des érudits et des hommes de foi. Lansiné Kaba, pour retracer la formation spirituelle du "Grand marabout" et l'extension de son pouvoir, nous entraîne autant dans la dimension spatiale que spirituelle de la ville.

La destinée de Mouhammad Chérif commence pendant sa jeunesse, lorsqu'il suit son père, conseiller et guide spirituel du "conquérant" pour Dieu, Samori Touré, dont il épousera la fille. Kankan devient un centre de rayonnement culturel, religieux et commercial et le jeune Mouhammad est très tôt reconnu pour un saint homme grâce à ses connaissances et à son ascétisme. Ses miracles, vite connus, attirent des foules : la pratique des guérisons, la résurrection des morts, la connaissance du passé, du présent et du futur, et d'autres phénomènes extraordinaires.

Sa notoriété se consolide à l'arrivée des troupes françaises qui, en 1889, capturent Samori. Il enseigne le Coran, donne des leçons de langue arabe et prêche l'obéissance au pouvoir en place. Rares sont ses écrits ; l'auteur nous parle de notes prises avec des signes graphiques et rapporte des prières qu'il récitait volontiers.

A ce moment, il vit dans une ville qui se transforme rapidement et s'ouvre à la modernité avec la construction de maisons, les marchés, les routes, le chemin de fer, le commerce accru, les produits européens et les marchands européens et orientaux. La séparation entre les affaires spirituelles et les temporelles n'était pas aussi nette que Lanciné Kaba voudrait nous le faire croire. Il cite un discours de 1945 dans lequel Mouhammad Chérif fait la distinction entre des chefs directs qui viennent de Dieu et des chefs indirects qui viennent du pouvoir temporel. Les premiers sont les hommes de religion, les seconds les hommes politiques, mais Mouhammad s'en tire en disant qu'il faut obéir à tous les deux. Son intégrité morale n'a jamais suscité de doute. Par contre, on l'a soupçonné ou accusé de plusieurs fautes : d'avoir collaboré avec les forces coloniales, de s'être lié d'amitié avec des catholiques et d'être devenu pétainiste. L'auteur analyse des preuves, des documents, souvent des témoignages, afin d'éloigner tout ce qui pourrait porter ombrage : Mouhammad évite la confrontation avec le régime colonial sans être ni un allié ni un opposant ; il respecte tous les hommes de foi, il fait des concessions tantôt à De Gaulle, tantôt à Pétain, et il refuse le fanatisme islamique déjà en train de se manifester, soit au Mali voisin, soit dans sa Guinée. Il accède aux prémices des disputes politiques lorsqu'il reçoit les visites de presque tous les chefs africains de l'Afrique occidentale. Avant de s'éteindre en 1955, il marie le futur chef d'Etat de Guinée Sékou Touré.

Un livre intéressant, basé sur une documentation de première main et écrit avec enthousiasme à l'égard d'un personnage et d'une ville assurément exceptionnels.

■ Vittorio MORABITO

■ RANDAU ROBERT, *LE CHEF DES PORTE-PLUME. ROMAN DE LA VIE COLONIALE* [1922]. PRÉSENTATION DE JÁNOS RIESZ. PARIS-BUDAPEST-TORINO, L'HARMATTAN, COLL. AUTREMENT MÊMES (N°18), 2005, 237 P.
ISBN 2-7475-8047-1.

Randau n'est pas un inconnu : un mot d'A. Hampâté Bâ salue ici un "homme de grande culture et un éminent arabisant", mais aussi le "grand écrivain colonial". Auteur de "36 volumes de romans et de poésies", Randau est aussi un des "théoriciens" de la littérature coloniale ; on se reportera, pour cet aspect, aux indications bibliographiques proposées par János Riesz à la fin de sa présentation. Cette dernière met en perspective le roman en fonction de ce qu'on y dit de la vie sociale des Français aux colonies, à Dakar en l'occurrence, puisque cette ville de "Keurdoul" et les personnages qui sont supposés y vivre ressemblent par bien des aspects à un modèle historique identifiable. J. Riesz n'ignore cependant pas qu'il s'agit de fiction et se garde d'insister sur ces "clés" de lecture. Il attire plutôt l'attention sur la "position" de l'auteur. D'un côté, Randau est un agent du système ; il le connaît de l'intérieur, il en partage aussi, globalement, le point de vue ; ainsi, il place les Sénégalais du temps assez loin dans les arrière-plans pour se consacrer au petit monde des Français de la place, et particulièrement à un petit groupe de "hauts" fonctionnaires gravitant, avec une noria de femmes, autour du gouverneur général. D'un autre côté, Randau donne de ce groupe un portrait quasiment satirique, montrant un milieu où sévit la débauche, ou plutôt la gaudriole, car tout cela relève de la catégorie du "truculent" qui a souvent fait que Randau soit vu comme un lointain héritier de Rabelais. Bakhtine y eût d'ailleurs trouvé une autre illustration de sa théorie du roman, le grotesque sapant, dans ce récit bien enlevé, le sérieux du genre épique. J. Riesz justifie donc la réédition de ce curieux roman par le sentiment que celui-ci donne de l'imposture du "civilisé" et, déjà, de l'échec du colonialisme. Il souligne la schizophrénie d'une société en situation minoritaire, quoique dominante, où la femme en particulier a la tête toujours ailleurs, c'est-à-dire en Métropole et particulièrement à Paris.

Se moquant de cet égarement collectif, dont J. Riesz montre qu'il est lié au mythe "climatique", Randau critique une évolution avérée, qu'on pourrait appeler l'embourgeoisement de la colonie. Le portrait nuancé que donne Randau du Gouverneur général, lui-même "sur la fin" et dès lors très englué dans de multiples "histoires de femmes" qu'il ne domine plus, est aussi, indirectement, le portrait nostalgique de l'homme "d'action" qu'il a été, quand il était chef d'autre chose que de porte-plumes. Randau n'oublie pas de souligner, dans ce personnage, l'"africaniste" qu'il a été : cet homme efficace n'est jamais aussi à l'aise que lorsqu'il a à faire à "ses" indigènes, même dans des situations difficiles ; il est seul à pratiquer plusieurs des langues locales, trait qui a certainement une valeur positive pour l'auteur.

Il n'est pas simple, pourtant, de situer avec précision le discours politique que tient le roman lui-même, qui multiplie les paroles rapportées, accumule les sentences stéréotypées, creuse, en somme, le vide d'un langage sans retenue. Cela s'accompagne d'un travail stylistique important, notamment lexical ; Randau excelle aussi dans la note descriptive, dans le rythme narratif, et sa phrase a des inflexions modernistes, qui mériterait qu'on l'étudie en soi. Cette édition nous le permet, et même nous y invite, avec un lexique qui est toutefois loin de régler tous les problèmes que pose le détail textuel. Ce roman parle aussi des petits jeux d'un groupe social autour du pouvoir en général, d'une part, et d'autre part, d'une inquiétude universelle quant au progrès historique : "il songea qu'un jour son œuvre se disloquerait, et qu'elle était à la merci du moindre profiteur, que peut-être ces noirs qu'il avait libérés de leurs tyrans aimaient leurs tyrans et affirmeraient leur volonté d'échapper à leur liberté" (p. 169). La pensée du gouverneur ne s'attache pas tant ici à la nationalité du "profiteur", et les "noirs" ne le rassurent ni plus ni moins que les "blancs" : ne dirait-on pas une citation de La Boétie ?

Quittons toutefois cette perspective, qui n'est pas celle de la collection, et revenons à l'histoire de l'Afrique : on retrouvera dans ce roman, notamment, l'écho des recrutements de tirailleurs et celui d'élections qui vont envoyer un parlementaire de "Keurdoul" à Paris...

■ Pierre HALEN

Afrique noire anglophone

■ FRANK HAIKE, *ROLE-PLAY IN SOUTH-AFRICAN THEATRE.* BAYREUTH, BAYREUTH AFRICAN STUDIES N°70, 2004, 375 P., BIBL.
ISBN 3-927510-83-1.

Le théâtre sud-africain ne s'est pas fait connaître d'abord dans le monde entier avec la pièce de Gcina Mhlophe, *Have you seen Zandile ?,* ou avec *Egoli – City of Gold* de Matsemela Manaka : d'autres productions avaient fait parler d'elles auparavant, celles du *Market Theatre* à Johannesbourg comme, par exemple, *Sizwe Bansi is Dead* d'Athol Fugard. Mais on connaît moins bien la manière dont on a joué – ou mieux : testé – des rôles divers dans le théâtre sud-africain pendant les années de l'apartheid, pour s'assurer de soi-même dans la vie quotidienne et pour créer un conscience critique parmi le public.

C'est de cet aspect que traite la thèse de Haike Frank, thèse soutenue à l'université de Freiburg et aujourd'hui publiée sous la forme d'un livre. Avant de se consacrer à l'analyse des pièces de théâtre, H. Frank présente un certain nombre de concepts sociologiques concernant ces rôles ; elle élargit ainsi le cadre d'une étude de théorie littéraire à la dimension d'un essai dont la pertinence s'étend aux sciences sociales. Le contexte politique dans lequel on a écrit et monté ces pièces est considéré comme essentiel dès le début de *Role-Play in South Africa.* En ce qui concerne l'analyse des textes, H. Frank suit une chronologie qui commence avec les pièces de Fugard. Puis viennent les travaux du *Black Consciousness Theatre,* comme *Bopha !* de Percy Mtwa ou *Survival* du Workshop '71. Aux productions multiculturelles comme *Born in the RSA* ou *Sophiatown* succèdent des pièces qui sont consacrées autant à la vie et aux rôles des femmes pendant les années de l'apartheid qu'à leur protestation et à leur résistance à l'apartheid. De cette façon, H. Frank montre clairement comme les jeux de rôle ont changé, de l'expérience d'être Noir sur le fond de la caricature qu'en donnent les Blancs, jusqu'au commentaire politique à la manière de B. Brecht ou jusqu'à l'appel en faveur de l'émancipation. Ce n'est donc pas seulement parce qu'elles éclairent un aspect occulté de la société que ces pièces de théâtre qui montrent la vie quotidienne pendant l'apartheid sont foncièrement politiques, mais surtout parce qu'elles prennent en considération la réaction du public et parce qu'elles considèrent les spectateurs comme partie intégrante de la création dramatique. De cette manière, le théâtre sud-africain ne s'est pas contenté de formuler une critique théâtrale à propos d'une réalité injuste, mais il a contribué aussi au fait que les acteurs et les spectateurs ont pu se rendre compte de leur situation et qu'ils ont pu – au moins d'une façon temporaire ou imaginaire – se libérer d'une identité octroyée et réaliser un tant soit peu leur personnalité propre. Il ne s'agissait pas seulement d'afficher une attitude d'opposition ou de déployer une image réaliste de la vie quotidienne, mais aussi de mettre en œuvre une éducation politique et une mobilisation.

H. Frank analyse de manière très convaincante cette contribution active du théâtre sud-africain à la formation politique de la nation. De la même façon, elle élabore très clairement la diversité avec laquelle le théâtre politique s'est développé en Afrique du Sud, non seulement du point de vue dramaturgique, mais aussi en tenant compte des groupes visés, parce qu'on a choisi des lieux théâtraux en fonction de leur capacité à favoriser un processus de conscientisation politique.

Frank montre dans son travail la proximité exceptionnelle entre le théâtre et la vie, la vitalité du théâtre sud-africain ne devant être pas comprise seulement comme une simple opération de description, mais comme une participation active au combat contre l'apartheid. D'avoir montré ça, c'est tout le mérite de Haike Frank. Pour cette raison on aurait aussi souhaité que H. Frank ait enrichi la part personnelle de son analyse et qu'elle se soit davantage dégagée d'une interprétation qui reste très étroitement liée aux textes.

■ Manfred LOIMEIER

Afrique du nord

■ *HOMMAGE À RABAH BELAMRI.* [N° SPÉCIAL DE] *REVUE CELAAN REVIEW. REVUE DU CENTRE D'ÉTUDES DES ARTS ET DES LITTÉRATURES D'AFRIQUE DU NORD / REVIEW OF THE CENTER FOR THE STUDIES OF THE LITERATURE AND ARTS OF NORTH AFRICA* (NEW YORK, SKIDMORE COLLEGE), VOL. 1, NR 3, FALL 2003, 149 P. – ISSN 1547-1942.

Hédi Abdel-Jaouad, responsable de la revue, précise que ce numéro consacré à Rabah Belamri "is not only a testament but also a testimonial". Yvonne Belamri, femme de l'auteur, débute par un poème se terminant avec délicatesse par : "rose offrande / sacrifiée sur sa dalle / avec un baiser". René de Ceccatty évoque la "cécité accidentelle" de Rabah, rappelant qu'elle fournira à cet écrivain universel un "rapport poétique au monde et à la langue". Sur ce même thème, Zina Weygand, spécialiste de l'histoire de la cécité, rapporte que Rabah Belamri, présenté comme le "poète aveugle" au festival de poésie de Trois Rivières en 1994, au lieu de mentionner sa nationalité comme pour les autres, s'étonna : "Alors, et moi, de quel pays je suis ? Je croyais que j'étais du pays des aveugles". L'apprentissage du braille lui permettra de devenir un jour cet écrivain "à la voix unique, profonde, sensuelle, parfois inquiétante, toujours envoûtante", célébré par Jean Marie Gustave Le Clézio. Une œuvre littéraire doit être lue indépendamment de la connaissance que l'on a de son auteur professait Claude Krul, mais, averti de la cécité de Rabah Belamri et intrigué par son rayonnement, il admet que cette lumière apporte aux lettres françaises authenticité et fraîcheur. Et c'est de l'aventure interrompue que témoigne Michel Cassirer, en évoquant sa rencontre avec l'auteur qui n'en voulait pas à ses parents ayant "joué sa vue aux dés de l'ignorance et de la superstition".

Abordant plus précisément l'œuvre, Hamid Nacer-Khodja montre comment Rabah Belamri porte un regard sans complaisance sur cette société traditionnelle, refusant de travestir la réalité ou, selon le dicton algérien, de "cacher le soleil sous le tamis". Son troisième roman, *Femmes sans visages* (1992), le consacrera comme écrivain mais le poète restera peu connu. S'arrêtant aux deux romans, *L'Asile de pierre* (1989) et *Femmes sans visage,* Denise Brahimi insiste sur ce désir de l'envol, traduit par le cheval ailé Bourak bien connu dans la légende populaire musulmane et, dans le second roman, par cette fascination pour la lune qui viendra chercher l'enfant de la nuit. Violeta Ma Baena Gallé tente une nouvelle lecture de *Femmes sans visage* et y voit un chant à la mère, sans qu'il s'agisse de la condition de la femme musulmane. C'est en toute simplicité que Rosalia Bivona nous rapporte des propos recueillis, lors d'un thé chez Belamri, sur la littérature algérienne : revendication identitaire de la littérature des années cinquante voulant s'affirmer contre le colonialisme et littérature de l'Indépendance marquée par l'esprit critique, tandis qu'avec Tengour et lui-même, s'affirme une littérature de l'interrogation. Christiane Chaulet Achour nous introduit alors dans ce monde de Rabah, avec pertinence et clarté, soulignant la forte teinte autobiographique dans *Le Soleil sous le tamis* et le passage à la fiction avec *Regard blessé* (1987), *L'Asile de pierre* et, enfin, *Femmes sans visage.* C'est sur les deux derniers qu'elle s'attardera pour développer son thème, en parlant d'une suspension-retour "qui n'idéalise pas l'enfance mais permet de faire affleurer l'origine du désir de création". Elle souligne la présence des deux pôles, le premier occupé par le père et le second par la mère, qui envahissent l'imaginaire. *Femmes sans visage* reste le roman-conte accompli qui voit le temps réduit à une nuit mais élargi par les faits datés de l'assassinat de Saïd, de la mort du père et des événements de l'Algérie coloniale et, par la suite, en guerre de libération. Le lecteur est ainsi invité à regarder autrement le monde qui l'entoure. C'est à la concentration romanesque et à l'échappée poétique que s'arrêtera Najeh Jegham, dans son analyse de *Femmes sans visage.*

Attentives à l'homme plus qu'à l'écrivain, diverses contributions relèvent du témoignage. Jean-Marc Darmatigues le définit comme l'homme de paroles. Il décrit comment s'élève la voix envoûtante du conteur au milieu du cercle des élèves qui partent à la rencontre de Hab-Hab Roummane, de ses sept oncles et de leurs mauvaises femmes. Guy Dugas l'invitera souvent à l'université à venir parler de son parcours d'écrivain. De toutes les histoires, il en est une qui le fascine : celle de Djoha, ce "malicieux bonhomme déambulant avec son âne complice". Ce Djoha représente, pour Guy Dugas, la suprématie de l'humanisme sur l'esprit de fermeture. Reconnaissant que c'est l'image de Djoha qui s'associe à celle de Rabah, il conclut, avec humour et amitié, "Rabah-Djoha, jamais rabat-joie". Témoignage et hommage à Rabah Belamri, le poème de Habib Tengour s'achève par ces mots : "Ici la lumière s'affranchit des usages".

Sans ignorer la difficulté de ce type d'entreprise, il est permis de regretter, outre d'inévitables coquilles ou fautes, le manque d'unité ou plutôt l'absence de ligne directrice, obligeant le lecteur à revenir souvent sur les mêmes thèmes et les mêmes ouvrages. Néanmoins, il faut se réjouir d'un tel travail qui permettra à beaucoup de découvrir un auteur doué d'une grande sensibilité et humanité.

■ Jérôme Ceccon

■ **GANS-GUINOUNE** Anne-Marie, *Driss Chraïbi. De l'impuissance de l'enfance à la revanche par l'écriture.* Paris-Budapest-Torino, L'Harmattan, coll. Critiques littéraires, 2005, 311 p.
ISBN 2-7475-8771-1.

L'examen de l'œuvre de Driss Chraïbi, un des écrivains les plus importants de la littérature francophone du Maghreb, est une tâche ardue, à laquelle s'est attelée Anne-Marie Gans-Guinoune. Cette dernière nous présente une étude détaillée d'une dizaine de romans de Driss Chraïbi, et cela d'un point de vue largement psychanalytique bien qu'elle déclare aussi avoir un regard socioculturel. Gans-Guinoune divise les romans en trois groupes distincts : les romans de famille, de l'ailleurs et ceux de la tribu, qui tous représentent une étape particulière dans la quête d'amour de l'écrivain. D'après Gans-Guinoune, ces romans tentent tous de dire l'interdit, c'est-à-dire le désir d'inceste omniprésent qui se développe à travers tous les romans jusqu'au moment du passage à l'acte, à travers un artifice littéraire, dans *La Mère du printemps.*

La notion de complexe d'Œdipe sur lequel repose ce travail de recherche est commentée longuement, d'autant que certains chercheurs doutent de sa validité au Maghreb – doute originellement émis par Freud lui-même –, du fait du sentiment de fatalité contenu dans la notion de mektoub. Gans-Guinoune souscrit à l'universalité du concept et en démontre la légitimité tout en gardant à l'esprit "la spécificité des comportements maghrébins".

Gans-Guinoune étudie les héros des romans comme autant de facettes du même personnage : l'auteur lui-même. L'analyse s'appuie donc énormément sur des éléments biographiques recueillis lors d'interviews et de multiples travaux auxquels l'auteure fait référence. Cette approche qui consiste à explorer le texte à la lumière de la vie de l'auteur, bien qu'elle fournisse d'incontestables éclairages sur le texte, est totalisante (et donc réductrice). Cette limitation se retrouve aussi dans la réduction de toute fiction à la dyade "enfant trouvé"/"enfant bâtard", désignation que l'auteure emprunte aux travaux de Marthe Robert qui classe les romanciers en deux groupes : l'un où le monde des écrivains est peuplé de chimères, et où ils ne se confrontent pas aux réalités (l'enfant trouvé), et l'autre où les écrivains sont psychiquement plus matures et où ils reconnaissent le monde comme extérieur à leur propre personne (l'enfant bâtard).

Gans-Guinoune adopte aussi les notions de champ métaphorique (associé au père et à la découverte d'autrui) et champ métonymique (associé à la mère et qui marque le narcissisme) pour réaffirmer la prégnance du couple fondamental (mère/fils) qu'elle a dégagé tout au long de son étude, ainsi que pour souligner le narcissisme des héros chraïbiens. Ces deux aspects primordiaux de l'étude de Gans-Guinoune découlent d'un examen perspicace et soutenu de nombreux textes et documents. Cependant l'intervention de la théorie (qui s'applique à étudier la forme du langage) n'apparaît qu'à la fin du livre, peut être dans un souci de ne pas paraître plaquer ces théories sur le texte.

Il semble pourtant préférable de présenter ces outils au début du livre et de les exploiter tout au long de la recherche, d'autant qu'ils viennent confirmer les précédents résultats de l'auteure, à savoir le rapport central à la mère, le narcissisme des héros, et l'absence de représentation de la femme en tant que personnage à part entière. Finalement le dernier chapitre ("introduction à la théorie"), riche en observations sur la langue et le style, aurait gagné à être intégré au reste de l'étude plutôt que d'être livré séparément à la fin.

Ceci nous amène à parler du plan du livre qui est plutôt didactique et scolaire. Le livre est structuré autour de chapitres tels que "le monde féminin", "le monde masculin", "le monde de l'enfance", autant de thèmes qui donnent au travail une apparence artificielle et schématique qui ne reflètent pas l'étendue et la richesse de la recherche entreprise. "Le couple incestueux dans l'œuvre de Driss Chraïbi", article publié dans *Expressions maghrébines* (vol. 3, n°2, hiver 2004) et extrait de cette thèse, témoigne d'une meilleure maîtrise d'ensemble. Les concepts sont évoqués dans l'optique d'affiner la pensée de l'auteure et de l'approfondir. Le livre de Gans-Guinoune n'en demeure pas moins une étude sérieuse et très fouillée. Certains de ses aspects sont édifiants, telle l'analyse de la représentation des femmes chez Chraïbi dont l'imaginaire ne saurait se défaire de sa culture. A la dernière ligne du livre, Gans-Guinoune fait la déclaration suivante : "nous retiendrons de l'œuvre de Driss Chraïbi le pouvoir de séduction de son écriture". Nous aurions aimé voir ce pouvoir de séduction évoqué ou étudié un peu plus. Mais la richesse de l'étude psychanalytique n'est-elle pas, justement, de soumettre tout aspect du travail littéraire, créativité incluse, au verre grossissant de l'analyse pour illuminer le "je" ?

■ Fazia AITEL

Amériques

■ CHANCÉ Dominique, *Histoire des littératures antillaises.* Paris, Ellipses, 2005, 128 p. – ISBN 2-7298-2421-9.

Il n'est pas sûr qu'existe une littérature antillaise tant les Antilles, prises dans une définition large comprenant les Grandes Antilles (Cuba, Haïti et République dominicaine, Jamaïque et Porto-Rico) et les Petites Antilles (Antigua, Guadeloupe et Martinique, Dominique, Sainte-Lucie, Barbade, Saint Vincent et les Grenadines, Grenade et Trinité-et-Tobago) constituent un ensemble diversifié par l'histoire, les langues et l'évolution culturelle. Sans doute un certain continuum existe-t-il, sur la base de la musique et d'une certaine relation au monde peut-être, mais la vision que la France en a, fondée sur la considération exclusive des Antilles françaises, est singulièrement réductrice.

C'est le mérite de la petite introduction de Dominique Chancé que de nous proposer une *Histoire des littératures antillaises,* ouverte aux littératures non francophones, littérature hispanophone et littérature anglophone. Le bloc francophone est lui-même à juste titre scindé en deux ; d'un côté les Antilles françaises, restées dans le giron et sous l'influence françaises, où se succèdent des mouvements littéraires (la négritude, l'antillanité et la créolité) connectés à la vie culturelle parisienne et que nous, lecteurs français, connaissons bien (Césaire, Glissant) ; d'un autre côté, Haïti, fière de ses héros mais malade de son histoire traumatique, quand les Duvalier et, trois fois hélas ! Aristide, transformèrent l'espoir noir populaire en dictature mafieuse. Avec des noms qui sont connus en France (Roumain, Alexis, Depestre) mais d'autres bien peu ou bien mal (Trouillot, Frankétienne, Victor par exemple).

Le chapitre sur les littératures hispanophones rappelle aux lecteurs (et étudiants de France auxquels cet ouvrage est destiné) les grand noms cubains (Alejo Carpentier, certes bien connu ici, mais José Lezama Lima, Reinaldo Arenas, Virgilio Piñera beaucoup moins réputés), portoricains (comme José Luis Gonzales) et dominicains (comme Juan Bosch). La section consacrée aux littératures anglophones rappelle l'importance de la contribution d'Edward Kamau Brathwaite (La Barbade), de Derek Walcott (Sainte-Lucie) et V.S. Naipaul (Trinidad) à une vision, souvent distanciée et ironique (pour les deux derniers), mais incisive et tendre, des petites îles qui les ont vu naître.

Une introduction, nécessairement modeste dans le cadre d'une collection de 128 pages, mais fort utile.

■ Daniel Delas

■ YACOU ALAIN, *UN ESCLAVE-POÈTE À CUBA AU TEMPS DU PÉRIL NOIR. AUTOBIOGRAPHIE DE JUAN FRANCISCO MANZANO (1797-1851)*. PARIS, KARTHALA / CERC, 2004, 155 P. – ISBN 2-84586-560-0.

Si des récits d'esclaves existent dans le domaine anglophone, ils sont quasi inexistants dans la littérature en français et, dans le domaine hispanophone, l'autobiographie de Manzano est une rareté qui n'avait été publiée qu'en espagnol, en 1975. La traduction et la publication par Alain Yacou, professeur à l'Université Antilles-Guyane et spécialiste de la civilisation hispano-américaine, de l'autobiographie de Juan Francisco Manzano, esclave-poète ayant vécu à Cuba de 1797 à 1851, est donc à saluer.

L'histoire de Manzano est étrange et romanesque, puisque cet esclave ayant retenu de nombreuses poésies et en ayant composé beaucoup lui-même, oralement, apprit à écrire et put enfin noter ses poèmes, malgré les interdits réitérés de ses maîtres. Manzano fut remarqué par Domingo del Monte, lettré et grand bourgeois qui tenait salon, et les poètes du cénacle qui entendirent le sonnet douloureux, *Mis treinta años,* récité par l'esclave, furent si émus qu'ils décidèrent immédiatement de se cotiser pour racheter sa liberté.

L'histoire de Manzano, jusqu'au jour de sa fuite, est racontée dans une autobiographie dont une partie, malheureusement, a été perdue. On regrette également que des recueils de poèmes aient été égarés et que les poèmes subsistant n'aient pas été publiés. Souhaitons qu'Alain Yacou continue son œuvre et donne bientôt, en version bilingue, les poèmes, encore accessibles, de cet esclave si talentueux. Car si l'histoire de son esclavage est un témoignage précieux, son écriture lui confère une place dans la littérature. Le choix de donner une version bilingue est très heureux. La traduction de Alain Yacou est précise, documentée, elle apporte les éclaircissements nécessaires relevant du contexte culturel. De son côté, la langue de Manzano paraît toujours très simple, concrète, sans effets ni affectation. L'écrivain est extrêmement pudique, elliptique même, préférant passer sous silence ses pires souffrances. Pas de pathos, donc, pas de scènes atroces, mais une digne révolte. Comme le sonnet, l'*Autobiographie* raconte avec simplicité et précision les soubresauts souvent aberrants d'une vie soumise à l'arbitraire d'une maîtresse sadique.

La vie de l'esclave ne diffère pas tellement de celle d'un domestique, sinon par cette cruauté qui s'abat sur lui régulièrement, des punitions extrêmes qui le ramènent au Moulin, un lieu qui semble celui des supplices plutôt que celui du travail. Une sorte de dureté de principe semble présider à cette violence, comme s'il fallait marquer son pouvoir dès que les différences deviennent moins claires, en particulier en face d'un enfant doué qu'on a éduqué, mais qui doit rester dans les limites de la servitude et ne connaître que ce qui est utile à ses maîtres (couture, pâtisserie).

Sa liberté, Manzano la gagnera lui-même, en s'échappant, avec la complicité de l'"atelier". Le rachat permettra de légaliser un fait. Mais la suite de son histoire est triste. Il sera injustement inquiété (une fois de plus) lors de la conspiration de "l'Escalera". Il devint silencieux et encore plus "mélancolique", terme qui revient souvent sous sa plume. Il est possible que les retournements de son protecteur Del Monte, devenu un défenseur des Blancs contre le "péril noir", l'aient affecté.

Alain Yacou donne, en seconde partie, un contexte à cette autobiographie – Cuba, au temps du péril noir –, permettant de comprendre l'intérêt de Del Monte pour l'esclave-poète qu'il a sans doute utilisé puis rejeté. Les contradictions d'une bourgeoisie blanche, entre anti-esclavagisme et peur d'une masse noire de plus en plus nombreuse, semblent expliquer les retournements de l'élite.

Le livre d'Alain Yacou est donc précieux, aussi bien dans ses enjeux littéraires que pour son intérêt historique. Le témoignage des esclaves étant absent des littératures francophones, cette autobiographie d'un esclave cubain, dans son contexte historique, ne peut que nourrir la réflexion de tous ceux qui s'intéressent aux Antilles.

■ Dominique CHANCÉ

2005

Bulletin d'adhésion à l'APELA
Bulletin d'abonnement à ELA

Nom .... Prénom ....

Adresse ....

....

Adresse électronique ....

Institution ....

....

Signature

Statut	Adhérent	Abonné
Membre bienfaiteur	100 €	
Membre ordinaire	30 €	
Membre à faible revenu	15 €	
Institution	45 €	38 €

- L'adhésion et l'abonnement valent pour l'année civile en cours.
- L'adhésion donne droit aux deux numéros de la revue.
- 4 € de frais supplémentaires d'envoi à l'étranger (hors U.E.)

Le bulletin ci-dessus est à envoyer, avec votre règlement (chèque à l'ordre de l'APELA) à

Marie-Françoise Bidault,
trésorière de l'APELA,
8, rue de la Basse Renandais, 35830 Bettons.

Achevé d'imprimer en janvier 2006
sur les presses de la Nouvelle Imprimerie Laballery
58500 Clamecy
Dépôt légal : janvier 2006
Numéro d'impression : 512143

Imprimé en France